生為自己，我很開心

凱特王　著

目次

Chapter 1 ＿＿ 自我 Ego

Chapter 2 ＿＿ 關係 Relationships

Chapter 3 —— 職場 Career ····

Chapter 4 —— 人生 Life ····

推薦序

成為好友，我很榮幸

說到我這個朋友凱特王，實在是個強大的女子。哪裡強大？
內心強大！光是這點，就是大部分女性缺乏的特質。

內心強大有多重要？無論妳的收入高低、事業成就、感情
狀態，在人生的道路上，真正能支持妳的還是自己的內心。
如果說，我最佩服她哪一點，絕對是這個部分。

偏偏這麼一位內心強大的女子，卻擁有甜美的臉龐與笑容，
以及跟真正年齡完全不符的減齡外貌，讓人誤以為她永遠
二十八歲！我不知道歷經多少次身邊不熟的朋友對她年齡
的猜測，再聽到實際數字後的驚嚇，但是妳以為這是一種
天生麗質嗎？才不是！我必須說，無論是她青春的外貌或
是網路上的影響力，以及不斷給予我們衝擊的勵志文筆和
不輸給時尚大片的街拍照裡，那傲嬌又自信的姿態，都是
她經年累月的堅持與毫不鬆懈所得來的。完全沒有任何一
點點的僥倖啊！

大家一定都聽過這句話：「你必須非常努力，才能看起來毫不費力。」而凱特王就是這句話所描述的典型人物，讓我們清楚知道——成功，從來就沒有捷徑，只有扎扎實實的努力。

擁有凱特王這樣的朋友，也容易受其影響，越變越堅強。在我人生最低潮的時候，她的鼓勵與陪伴，實在是發揮了很大的力量啊。不過也如同她的文章一樣，她給的可不是溫暖卻無用的心靈雞湯，而是天蠍座那不給你留面子、狠狠打醒你的犀利，如果你能聽進去，可是一生受用無窮。

不過使用前請注意：玻璃心勿近。

周品均
東京著衣╱Wstyle 品牌創辦人

推薦序
活 成 自 己 的 樣 子

我喜歡凱特。真心的說，是一種帶著欣賞與崇拜的喜歡。

和大部分的人不一樣，我並非從網路上認識她。二〇一六年因為要成立 Wazaiii 時尚觀點平台，有位朋友力薦邀約凱特王寫稿，特別安排了一場餐敍，出發前我才趕快上網滑一下她的文章，想著要和擁有十幾萬粉絲的時尚網紅聊些什麼。當時對凱特的第一印象，時髦又冷冽，之所以用冷冽形容，因為她溫柔著說的每一字句，盡是犀利。

吃飯過程中她不疾不徐地問了我一些問題，大致是對於媒體環境的看法，自媒體崛起現象，以及成立 Wazaiii 的目的與願景，整個過程宛如一場面試。餐畢我說：「希望妳考慮成為 Wazaiii 達人，接受我的邀稿。」我永遠記得她的回答：「做正確的事，有什麼理由不願意？」這是我第一次聽到凱特謎之音。

那天晚上，我開始正式關注凱特王，讀她寫的文章，看她的書。

OMG ！這寫的不就是我想成為的「我的樣子」嗎？熱愛工作、發揮自我、想變有錢得以做更多想做的事、不畏懼也不在意世俗眼光、享受愛情不被對方有沒有麵包綁架、

自己的包自己賺錢買、不因為身為女性而停止夢想……

我為自己一直以來的直覺、任性與叛逆，找到了皈依的真理，這就是凱特筆下要你做自己，要你活成自己的樣子。她總是不留情地剖析，把你內心的黑暗面、脆弱面翻攪出來，敲碎你的無知幻夢，要你坦然面對自己，正向地向前進。而她，不只擁有美麗、智慧與才氣，直到現在她仍勇於嘗試、不設限無畏挑戰，豈不是女性做自己的最佳範本？

認識凱特只有三年，卻好像認識了三十年，我們無話不聊，從工作到生活、政治到財經，愛情到穿搭，最重要的還有，夢想。

有緣成為她的腦粉、經紀人、好友，我很幸運。我想她的粉絲都有感，閱讀凱特的文字，就像黑暗森林盡頭點了一盞明燈，黑漆漆的路還是得走，忐忑依然，但是有這道光就有勇氣。

我喜歡凱特。一種帶著欣賞與崇拜的喜歡。相信你也一定喜歡。

岳啟儒
仲誼公關總經理／ Wazaiii 時尚觀點平台創辦人

自序
嚴肅撰稿人的碎念

上一本書出版之後三年中，我成了一位嚴肅撰稿人。

所謂「嚴肅」，不是指我寫的內容，而是我開始用一種比較嚴謹的態度來面對寫文這件事。再也不是想寫就寫，寫當下的所感所知就好。當然，一些隨筆也是有的，抒發嘛。

會這樣轉變，其實只是為了對抗人性中最難以把持的「惰性」。是是是，總以自律服人的我也是會有惰性的，也是會有想放下一切工作，找一個度假海島放空的衝動。

可是，這三年中，別說海島了，我連放空時想的都是下個月那篇稿子我要從哪個角度切入才有趣。

老實說，撰稿的生活既孤獨腦子又累，你想讓別人看文時多輕鬆快樂，自己就要付出比這個更多的不輕鬆也不快樂。常常是地毯式的收集完資料，做好一些重點摘要之後，已經靈感枯竭，不知從何下手了。但寫文的成就感也來自於此，因為前期的困頓，才對比出完成一篇文之後的爽快。

至今，稱自己為作家都還有點心虛，但作為「時尚觀點自媒體人」這一身分我還是挺自豪的。無論是專欄還是秀評，都有起

碼的水準可以向讀者交代。

時尚與文學,是兩個影響我頗深的領域,涉獵越深,越覺得自身渺小。所以,我只好用不敢停下腳步的努力追趕它們,試圖讓兩者在我的文字中得到巧妙的融合。

寫了一些跟本書無關的感觸,但可能更貼近我此刻的心情。如果人的一生中,每個時期思索的問題沒有因為年紀而有所變化,表示過去都是恍恍惚惚在過日子,未曾有過什麼大徹大悟後的決心,逼自己去改變。

但如果,我說如果,當你看完這本書之後有那麼一刻腦海閃過走馬燈似的畫面,驅使你對自己的過去、現在、未來做一連串的回顧與整理的話,那這本書的使命就算達成了。

而我,將會非常、非常的開心。

——僅以此書獻給身邊愛我和關心我的人

凱特王 2019.10.07

Chapter

1

自我____
E g o

生活就是不斷尋找自我的過程。
一直不停走，一直不停找，
找到了＿＿＿＿＿，就能過好＿＿＿＿＿。

01

生為女人，我很——抱歉

如果有一天，我真的做了什麼不符期待的事，
成為不符期待的人，
那麼對不起，生為女人，
我很抱歉。

如果不是真的熱愛文學，我想很多人只會
興起對《人間失格》一次的興趣。能看完
的已經非常了不起，能看懂的，我敬你有
慧根。

多數人也許能讀三分之一，便沒有再繼續
下去的理由。文藝青年書架上的書，用來
展示的永遠比真正讀透的多。

我第一次看《人間失格》與第二次看大概
隔了有二十年之久。這二十年中，我經歷
了落榜、畢業、北上工作、跳槽、可細數
但不想多回憶的戀愛、結婚、離開台灣到
北京工作……等人生事件。

在別人口中那叫做從青澀到成熟，但在我
心裡，也許只是增加了二十年對生活經驗

的累積，活得比以前從容自在一些，因為手頭上的經濟好轉了，有了些江湖地位與財富做依靠，人的心自然穩重些。

我一直對主人公葉藏求死的過程不甚理解，即使看過第二次也很難從他的角度去感受那種頹喪、煩悶、焦慮、悲傷。許多女孩跟我說大庭葉藏按照當今的標準算得上是位「渣男」了，我心裡苦笑著，覺得「渣男」與「文青」應該是目前讓我反感的詞彙中，最有實力擠進前十名的選項。

帶著無法感同身受的疑惑，我第二次看《人間失格》時已經沒有第一次那種一鼓作氣的好奇心，以及年輕時想證明自己看了不少經典文學的扭曲心理，得了空才翻閱，斷斷續續地看著。

無意間讀到一段敍述後，我想，也許我找到問題的癥結了。

「不過，你玩女人也該到此為止了吧？再這樣下去的話，世人是不會原諒的！」

所謂世人，究竟何指？是人的複數嗎？這個所謂的「世人」實體又何在呢？迄今為止，我一直認為它是強悍、嚴苛、可怕的東西，我就是抱著如此想法活到現在的，如今被堀木這樣數落，有句話差一點就脫口而出：「所謂世人，不就是你嗎？」但我不想激惱堀木，所以，話到嘴邊又吞了回去。

「世人是不會原諒的。」

「不是世人，是你不會原諒吧？」

「假如再不思悔改，世人會讓你嚐到苦頭的。」

「不是世人，而是你吧？」

「走著瞧吧，你馬上就會被世人拋棄。」

「不是被世人，是被你拋棄吧？」

搞清楚你自己有多可怕、古怪、毒辣、狡詐、陰森吧。許多話語在我胸中，無聲的交鋒，但我只是用手帕拭了拭汗涔涔的臉，賠著笑說道：「瞧你把我說得冷汗直冒了。」但自那時候起，我開始萌發了一種姑且稱之為「思想」的觀念：「所謂的世人，不就是個人嗎？」

葉藏因為知道自己不符合世人的期待，漸漸失去做為人的興趣。他漫無目的地活著，一心求死，也隨隨便便求死。死而不得，又渾渾噩噩地過。最後，終於得償所願。

我第一次感到嘴裡能嚐到苦澀，是眼淚的鹹味。

也許，我們從小到大做很多事情的理由都不是因為單純出自於喜歡，而是更多的被某種期待約束。我們在乎別人對自己的看法，而那些別人不是他人，往往是身邊與我們關係密切的父母、師長、朋友、親戚、老闆、同事。

好像我不這麼做，我就很失敗，我就讓他們失望，走在路上與大環境格格不入。又或者，遇到跟「世人」說法不一樣的情況，就開始懷疑自己的選擇。

所以很多女孩不敢隨心所欲想愛就愛，因為「別人會認為交過很多男朋友的女孩，不是什麼好女孩」。

很多女孩也覺得自己所託非人，因為「別人說真正愛妳的人會把妳寵成公主，用妳愛的方式愛妳」。

很多女人不認為卻也默默被影響，因為「別人說女人過了三十歲，就很難嫁出去」。

做不到家庭與工作平衡的職業婦女得了憂鬱症，因為「真正優秀的女人能事業與家庭兼顧」。

生不出孩子的女人覺得自己的人生不完美，因為「有了孩子，女人的生命才完整」。

「世人」是我們經常聽到的「別人」、「人家」、「有的人」。這些人約束著我們、牽制著我們，某種程度上控制著我們，我們終其一生，主動或被動做著滿足「別人」認同、符合「別人」要求、迎合「別人」口味的事情。

我們討厭被貼標籤，卻又在相反的方向，在自己身上貼上別人想看到的標籤。

從小，我就覺得當女孩子這件事，很煩。不只是因為生活教育讓女孩比男孩更早認知到這個性別的難處，更多是「限制」。而這種限制，多半以「符合某種標準」的期待出現。

從外表到內在，從學業到工作，從婚姻到家庭，幾乎都有「生為女人妳該如何」的標準。從原生家庭到整個社會，這些標準大大小小，潛移默化地指導一代又一代的女人。

許多女人在漫長的一生中活成了父母眼中的好女兒，丈夫眼中的好妻子，孩子眼中的好媽媽，卻不知道如何活成自己心中那個好的自己。

因為，她們未曾按照自己想要的方式活過。不曾有過，又怎麼能活好呢？

這個年代想做自己的人太多了，卻又因為他人的眼光而做不了自己。他們是另外一個又一個的大庭葉藏，覺得做人很辛苦。

朋友帶著四歲的女兒離婚了，決定離婚之前，她哭著跟我感慨一件事：「我跟父母說自己要離婚時，他們第一個反應竟然是『事

情沒到無法解決的地步』，叫我不要衝動，再來是『離婚說出去很難聽』，他們從此怎麼在親戚面前露臉？」

「哪怕是問我受到了什麼委屈也好，卻連這樣的一句話都沒有。」

女人的自我一直都被藏在深處，她們經常被迫要跟「大局」抗衡，要先照顧到別人的感受，才配稱懂事。

而當我開始發現自己不應該對自己的性別感到很煩，而是應該對「符合某種標準」感到厭煩時，我默默下定決心：「以後的大局就是我，我就是大局。」

所以，如果有一天，我真的做了什麼不符期待的事，成為不符期待的人，那麼對不起，生為女人，我很抱歉。

但，生為自己，我很開心。

凱特謎之音

────

沒想到一部主人公濫交又不停自殺的小說，

其反面竟然是一帖心靈雞湯。

02

完美
—
與自我

如果要符合他人眼中的好才配稱完美，
那我對完美沒興趣。

我不特別戀舊，對事物，尤其對人。可不表示我很無情，我只
是不喜歡回頭尋找記憶，弄得自己多愁善感，哭哭啼啼。某些
事、某些物、某些人，想要忘記的希望都可以忘記，如果可以
真正消除，我一點都不會手軟。

只是凡走過必留下痕跡，沒有什麼是完全可以從生命中抹去的。
你只能製造不再讓自己接觸的可能，降低回憶起來的機率。

曾經有人問我怎麼處理前任給的禮物或其他東西。我說：「處理掉。」

她以為我在開玩笑，然後又笑著問：「如果很貴妳也很喜歡呢？」
「一樣，處理掉。而且妳的邏輯怪怪的，很貴？哈哈哈。」
「如果對方也跟妳一樣丟掉妳給的東西呢？」
「我無所謂他怎麼做，但我會這麼做。包括信件與照片都會。」
「賭氣嗎？」
「也不是，就是覺得那些東西沒有必要再出現，也不想留在身邊。收在箱子裡，然後擱在家中角落，時間久了還不知道收去哪兒了，但心裡卻知道它其實就在這個屋子，只是現在找不到。那種不清不楚不舒服的感覺就像家裡死了一隻老鼠，隱約飄出腐爛的屍臭味，但妳就是找不到牠。」

可能形容的太有畫面與氣味，朋友皺了皺眉發出「ㄜ……」的聲音。

我一直都知道這是我性格中的缺點，但我任這個缺點以頑強的姿態出現，並且毫不遮掩。

個性中一些能夠透過反省而盡可能校正的部分，我都會願意改變且虛心接受批評，唯獨面對前任這件事，除了不可能是朋友，還會用力拋棄所有相關的過去。不會因為想在對方心裡留下美

好的印象，而勉強說分手後我們還可以是朋友。

偶遇時，我不會禮貌性地打招呼，更不會因為共同朋友覺得尷尬而釋出善意。有人覺得我沒風度也無所謂，我只是喜歡這種清楚切割的感覺，允許自己保留任性，如此，我才安心，才知道即使經歷了一次沒有結果的戀情之後，我依然是我，依然有這麼討厭的部分沒被愛情改變。

或許，每個人的性格中都存在著明明知道是缺點，卻不想改變的地方。我經常覺得這就是你之所以是你的特別之處。這種缺點不具毀滅性，所以你允許它留下，就像防空洞，必要時往裡面一藏就可以暫時跟外界隔離，感覺安全。甚至是保護色的概念，讓你的脆弱不致被人一眼看穿。

相對的，我也允許別人保留自己的臭脾氣。如同理解自己為何這麼做一樣，去包容我所喜歡的人。

例如，某人（我先生）有特別嚴重的起床氣與肚子餓氣。每天起床後一定會有點不開心，沒有任何理由，就是老子不爽。肚子餓就擺臉色，連問他「你想要吃什麼」可能都需要一點技巧。

有一次他跟我說：「妳不討厭我有起床氣與肚子餓氣嗎？」我說：「討厭啊，但也滿可愛的啦，表示你在我面前很做自己。」

他滿意地點點頭，傲嬌地笑了笑。

「做自己」這個詞不知道從什麼時候開始流行起來，但就我觀察，很多人還是屬於討好型人格，在乎外界（他人）對自己的看法，進而修改自身的行為、選擇或決定，無法真正順應本心，做自己的主人。

我也特別不能理解「謝謝當初那些不看好我的人」這句話。字面上看起來是不服輸、有志氣，但從另外一個層面來看，你奮鬥的理由不過就是想做給別人看，自我驅動力幾乎為零。於是你一次又一次的挑戰都不是出於本意，都是抱著「我要讓那些罵我的人通通閉嘴」。

而很神奇的，這樣一句「沒有自我」的話，卻成為很多人「做自己」的標準。

許多讀者問我：「如何找到自我？」這問題涉及的範圍很大，要說透徹恐怕不是一兩篇文可以解決的。但我始終覺得有一個判斷的標準，那就是當你的自主意識違背他人的某些看法時，你有沒有勇氣堅持下去？

決定成為一名公眾人物，在網路上發表照片、影片、言論，曝光自己某些私生活，展示自己某些思想時，我就已經知道「並

不是所有的人都會喜歡我」以及「我無法討所有人開心」。於是面對批評與質疑，我不是選擇不去理會，假裝瀟灑，而是與他們討論。

很多人發現，我很喜歡跟讀者「筆戰」，但我更願意稱之為「討論」。什麼叫做討論？就是有人站在你堅持的立場的反面，提出質疑。

我從來不刪讀者的留言，好的壞的，一律採納。不是我對自己多麼有自信，而是我尊重每一個人的表達，包含我自己的。

許多人無法找到自我，也許正是因為他們想要博取大部分人的喜愛，做一個他人眼中完美的人。

小時候學畫時，班上有一名女學生畫水彩總是喜歡在任何一種調色中加入黑色當作基底。所以她的畫色調全是灰灰暗暗的，不管是靜物還是風景，都很陰鬱。

老師跟她說：「怎麼不跟其他同學一樣用正常明亮的顏色，妳眼睛看過去的顏色應該不是這麼暗的吧？」

因為她坐在我隔壁，所以我能看得、聽得很清楚。整個學期結束，她從來沒有因為老師的要求改變過調色的方式。我暗地覺

得這位戴著眼鏡、面色蒼白、身形瘦弱的女生酷斃了。她跟我們這些為了順利考上美術班、畫著迎合評審風格的畫的所有人都不一樣。

放榜結果是我跟她同時考上某著名私立高中美術班，老師對她能考上表示非常驚訝。長大後，當我有了工作經驗，明白什麼叫做「個人風格」後，每當憶起此事，依然不免深深佩服這位同學。因為與之相比，她才是真正具備藝術家思維的人，而我不過是有點才華、懂得取巧迎合的「考生」罷了。

所以，按照這個邏輯，當你擁有自我意識時，很多困擾你的問題都不會是問題。例如：三十歲過後還沒結婚、不生孩子、喜歡同性、當職業婦女還是家庭主婦⋯⋯等等。當你決定不做他人眼中那個看起來很棒的人時，大概就是擁有自我的開始吧。

博取認同本身就是一種缺乏自信，
是為了迎合別人的期望而採取的一種姿態，
並非自我。

03

寂寞──路口

與其給我正能量，不如告訴我，
這世界上很多困難的事，
最後都要獨自面對。
人生，是一個寂寞路口，
向左向右，
回頭，或者往前走。

某人出差不在家的這幾天，我把自己關在
屋子裡。陪伴我的是三天三夜的電影和影
集，跟我對話的是外賣小哥要我給他五星
好評。固定餵兩隻貓咪罐頭，替牠們處理
排泄物，有時候發現自己一整天都沒有開
口說話時，便輪流抵著牠們的額頭，聞著
殘留在牠們嘴邊的腥味，說著：「晚上陪
我睡覺吧，兩個都不許逃跑喔。」

過去，我有過幾次這樣不明所以的低潮。
即便依然在處理一些身邊重要或者沒那麼
重要的事情，完成一些需要或者沒那麼需
要即刻完成的工作，卻很清楚、很深刻地

明白其實對那些事情、那些工作、那些存在於眼前的一切事物完全沒有感覺。

電影《崩壞人生》中，男主角為自己突然喪妻卻失去悲傷的狀態求助了心理醫生。醫生問他：「你覺得哪邊沒感覺？」他面無表情但肯定的在左胸口比劃了一圈：「大概就是這裡吧？」漆黑的電影院裡，忽然覺得這個畫面似曾相識，我噗呲笑出了聲。

臉書或 IG 上，我依然維持了過去該有的發言，也許有少一點。在通訊軟體上跟朋友進行對話本來就不是一件太過困難的事，只是我回覆的時間越來越晚，連貼圖都懶得按出去的機率越來越高了。低潮期的社交能力比零還低，是負分。

外賣小哥是這幾天跟我接觸最密切的人，冒著大雨送來熱騰騰的麻辣燙或牛肉麵，微笑有禮地說用餐愉快。但連這麼溫馨的畫面，我都會解讀成：「大家都去幹快遞員了，市區滿街快遞小車跑來跑去，你們要好評是吧？我偏不給！」好似自己有什麼比他們更偉大的理想，居高臨下，大言不慚，不過也只是個在家裡吃著外賣的人。

念頭一轉，忽然想到如果北京的快遞員集體罷工，那不就連麻辣燙都沒得吃，得要自己下樓買了？這怎麼成，我孤獨的低潮期還是要講究點營養。於是點開美食外送 APP，找到訂單，把

過去未評價的消費通通按了五顆星星才安心。

我喜歡這樣沉默度過的日子，連好聽的話都可以不用說。而漂亮的話誰不會說？那些，漂亮的廢話。有些人就愛別人跟他們說那些漂亮的，廢話。最好還寫的很文藝。

外頭下起暴雨了，讓我想起十八歲的自己迫切想要拿到駕照的原因：在下大雨的天氣開車，看著左右擺動的雨刷嘩啦嘩啦刷過擋風玻璃窗的雨，在上面流洩出各種形狀，這畫面讓我很平靜。

駕照是拿到了，卻從來沒有在下大雨時開過車。因為，出了駕訓班後我根本不敢開車。人生不需要再多一件事情提醒你——努力也沒有用，不是你不夠認真，而是你的才能達不到成功的標準。承認自己的平庸或許才是最不容易的事，面對開車，我又豈止僅僅是平庸？

準備出外拍照那天，光著身子在臥室和衣帽間來回竄著。我不需要擔心窗子外面隔壁大樓有人用望遠鏡對著，因為白色的窗簾雖透著光，依然是無法看進屋內的。照鏡子的時候除了檢查身上有沒有多餘的贅肉之外，也想起了《公寓生活記趣》中張愛玲諷刺的語氣：

公寓是最合理想的逃世的地方。厭倦了大都會的人們往往記掛著和平幽靜的鄉村，心心念念盼望著有一天能夠告老歸田，養蜂種菜，享點清福。殊不知在鄉下多買半斤臘肉便要引起許多閒言閒語，而在公寓房子的最上層你就是站在窗前換衣服也不妨事！

高處不勝寒？高處怎麼會寒，喜歡高處的人是懂得享受寂寞的人。我老了也還要住在公寓裡，養著貓。

我向光顧了七年的小賣鋪老闆要了一斤十五元的荔枝。袋子上了電子秤顯示是十五塊兩毛錢。「兩毛別給了吧！」他說。我硬是給齊了十五塊兩毛，然後匆匆道了再見。關於那種與店老闆變成熟人而多了什麼特殊待遇這種事我總是避免著。打從心底，我害怕這種關係，所以只點頭示好，多寒暄幾句就不太願意了，即便見他比見好朋友的次數都來的多很多很多，我也不想跟他變成熟人。

可是在另外一個層面上，我卻經常在處理「有沒有認識的人能給個方便」之類的事。

「嘿，凱特，我下週要去台北玩，妳介紹的旅館好棒，是不是有誰能給個好價錢，不然真貴！」。
「嘿，凱特，我想買個包，妳不是認識品牌的人嗎？有沒有員購或折扣啊？」

「嘿，凱特，我那個朋友的表妹要拍婚紗照，有靠譜的攝影師可以介紹嗎？」

生活中已經太多這樣的朋友了，不需要再多一個小賣鋪老闆。距離不是用來跨越的，是用來保持的。

螢幕上的浮標在空白頁面閃爍了好幾天，下午終於敲出了幾行字。我不知道下次在這樣的路口還會徘徊幾次，但如果沒有走到這兒，迷失的方向也不會有找到的一天。很多人問我低潮期都怎麼度過？老實說，我從來沒有想過「如何度過」這幾個字，只是任由低氣壓瀰漫在生活四處，不刻意壓抑憤世嫉俗的情緒，但盡量能不說話就不說話。

漸漸地，你就會明白，這世界上很多困難的事，最後都要獨自面對。人生，是一個寂寞路口，向左向右，回頭，或者往前走。

而我選擇，往前走。

凱 特 謎 之 音

走出寂寞路口的我能得到五星好評嗎？

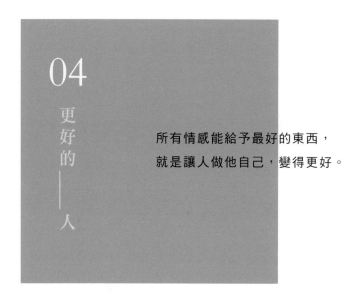

04
更好的──人

所有情感能給予最好的東西，
就是讓人做他自己，變得更好。

讀者的私訊中，凡是出現「失去自我」這四字時，往往是愛情問題。失戀的想挽回，被劈腿的不甘心。

自我是怎麼一點一點失去的？也許問題最大的癥結點是──我們誤以為我們有自我。

如果你從來就沒有過自我，何來失去？

但顯然的，很多人都認為自己有自我，因為他會開始列舉「我為了對方都做了哪些改變」來證明「你看，跟他在一起之前，我根本不是那樣的人」。

那麼問題又來了，如果你覺得跟他在一起之前的自己好過跟他在一起之後，那麼分手不是最好的結果嗎？你可以變回以前的自己啊。

「我已經為他失去太多的自己了，回不去了。」

你知道什麼事情最難嗎？面對沒有自己的人跟他談自我，最難。

愛情是一個非常好的試鍊，關於「一個女人到底有沒有自我」這件事，用愛情一測大概八九不離十。如果你和我一樣也喜歡透過觀察來了解普遍女人的心理狀態，那麼看 chick flick（迎合女性口味的電影，多是愛情片），不失為一個好渠道。

賣座的 chick flick 通常反映出當代女性對待愛情的態度，不管這部電影在你的價值觀中多麼荒謬，套用福爾摩斯「排除一切不可能的情況，剩下的，不管多麼難以置信，都是事實」的思考模式，沒錯，那荒謬的價值觀，就是女性侍奉的愛情真理。

chick flick 在中文裡有個暱稱叫做「小妞電影」，顧名思義，就是拍給小女孩看的。

如果你問我，一個四十幾歲的大女人看什麼小女孩的愛情片？

這叫做知己知彼，百戰百勝（雖然我也不知道具體要戰啥勝啥），但明白自己的觀點與大眾觀點的差距，也不失為一種向內的反省。

例如，《後來的我們》上映後，我就深深感受到自己跟票房之間的疏離。方小曉是近幾年來我看過的小妞電影中，最沒有自我的一位女主角，即使飾演她的周冬雨如此靈動美好，也掩飾不了這個人物設定扁平且空洞的靈魂。演員是好演員，但劇本是爛劇本，台詞極度賣弄情懷，但也許就是那些情懷無止境的被賣弄了，才能正好感動一票為前任所困的人。

小妞電影可以是勵志、愛情兼具的喜劇片，也可以是無病呻吟的陳腔爛調。受眾是絕大多數的女性，也許就無法排除我們會在劇情中投射自己。明明是《後來的我們》，但我只看見後來的林見清，他的生活向前走了，而時間卻在方小曉身上定格。女人悲憐自己的方式是用一生無止境的追憶過往，想想不由得悲從中來，又怎麼能感受到愛情的美好呢？

小妞電影其實對塑造女人的愛情觀影響甚大，尤其是年輕的女孩。因此，女主角經歷愛情洗禮後蛻變成什麼樣的一個人，便事關重大。《比悲傷更悲傷的故事》最後的結果是殉情，真是看得我直冒冷汗。它不是悲傷的故事，而是一個從頭到尾都很荒謬的故事。

以上所提到的兩部小妞電影女主角性格亦有重疊的部分，都是唯我獨尊，看似拿得起放得下的一派瀟灑勁兒。後來才發現，全是紙老虎。回頭找找，嗯，現實生活中確實很多這樣的女孩。

秉著考察的心，本人對小妞電影也算涉獵眾多，若要推薦一部關於找尋自我的愛情文藝片，二〇一六年上映的《Me Before You》是很上乘的佳作。

台灣翻譯片名叫做《我就要你好好的》，這種略霸道總裁的口吻，實在是低估了本片的核心價值。我可以體會片商想要票房的心情，但你不能就此低估觀眾的智商。《Me Before You》直譯的片名《遇見你之前》就已經非常適合了，而且更有意境。

這意境不僅僅是對女主角，也是對男主角，而整個故事要說的也不僅僅是 Me Before You，更是 Me After You。

你和我相遇之前是什麼樣的人？相遇之後又成為什麼樣的人？而這場相遇又如何改變我們各自的人生？光是這個母題，就贏過前面提到的兩部電影，它甚至把高度拉升至討論「活著」與「生命的意義」哪個重要。

男主角威爾的出場配置是小妞電影很典型的標配：高富帥。住最好的房子、睡最美的女人，做最好的工作，還擁有一座古堡。

一場意外帶走他的一切，變成一個重度癱瘓病患，吃喝拉撒睡全需仰仗看護，人生自此失去所有榮耀，是一位靈魂被身體困住的人，正在替自己安排安樂死。

女主角露的出場配置也是小妞電影很典型的標配：醜窮挫。在一個鄉下地方做蛋糕店店員，背負家中經濟來源之一，為了家人必須工作而無法追求自己的夢想，是一位被現實困住靈魂的人，和運動神經發達的男友穩定交往中。

故事的發展自然是讓他們相遇。因緣際會之下露成為威爾的看護，從互看不順眼到相互了解，從相互了解進而萌生愛意。威爾的家人與露都以為愛情能讓他改變心意繼續活下去，但結果是威爾仍舊希望執行安樂死。

很多女孩覺得威爾很自私，他跟露在一起明明這麼快樂，為何只想到自己？但或許她們其實是在意「愛情是我能給你的最好的全部，卻什麼也改變不了」。

愛情的偉大一直被人歌頌著，我們會因此改變自己，也就覺得能因此改變他人。如果對方不改變，就是不夠愛我。（想想這個邏輯也是醉了，我們自願失去自己，卻不允許對方保留自我）

威爾確實更在乎自己，因為他曾經是一個熱愛生命、把生活過

到極致、充滿活力的人。意外帶走他的健康,也讓他失去光彩。這個部分,恰恰是再美好的愛情都無法彌補的。他唯一能做的,就是鼓勵露去追求自己想要的生活。而不是用另外一種形式,把彼此困住。.

我喜歡任何時候都智商在線的主角,要保持這種狀態,非得要強大的自我來驅動不可。而愛情對我們來說亦是一場救贖,讓我們知道原來自己內心深處依然有不會被愛改變的地方,那個地方很珍貴,是我之所以是我的所在。

《Me Before You》沒有讓威爾因為愛情而改變初衷,也就沒有按照小妞電影的套路而步入庸俗。表面上露失去了威爾,但事實是她因此找到了更好的自己。感謝命運安排這場相遇,如果不是威爾癱瘓了,高富帥又怎麼會愛上醜窮挫?他會跟同溫層裡最美的姑娘相戀結婚,生一堆好看的孩子。

回到文章的一開始。我說,關於「一個女人到底有沒有自我」這件事,愛情是一個非常好的試鍊。失去了沒關係,我們努力把它找回來便是。

凱 特 謎 之 音

———

如果因為談了一場戀愛
就成了一灘爛泥，
那也是妳自己的允許，
怨不得誰。

比起結婚，單身確實比較難。
究竟，妳是主動選擇單身，
還是被動？

05

妳為何──害怕單身？

在三十徬徨的問題中，很多讀者留下的答案是：怕嫁不出去、單身、孤獨終老、被父母催婚……等等。有些人年過三十，有些才二十五、二十六歲。她們的徬徨凸顯出婚戀狀態對一位三十歲前後的女人來說，社會大眾的認同依然高於自我的意識。

好像一個女人三十歲前沒有論及婚嫁的戀人就非常失敗？

鄰近的日本社會還存在一種更荒誕的看法：單身的女人連離了婚的女人都不如，因為人家起碼結過婚。（已婚或離婚身分地位這麼高？我還是頭一次知道）

比起結婚，單身難多了。單身的女人總會被認定是她「哪個地方有問題」所以才沒有結婚。因為我就真的親耳聽過朋友抱怨他的主管：「沒結婚的女人，內心都很扭曲。」

你才扭曲，你全家都扭曲。

害怕單身的大有人在，無畏單身的自然也不少，也就是不婚主義者。可我總覺得無論是結婚還是單身，在女人的選擇中多少都藏著一點貓膩。套句戲劇一點的話就是——案情並不單純。

有一位讀者，她稍來的私信充滿了對愛情、婚姻與男人的不信任，說世界沒有真愛，女人只能依靠錢，做自己的主人。看完這封信，我腦海浮出一個紅衣女郎腳蹬十公分高跟鞋，氣焰高張把男人與世界踩在腳下的畫面。

我問她：「妳為何會有這種想法？」

她說：「小時候父母感情很差，父親跟外面的情人在一起很久都沒有回家。母親一直很寂寞，但又不敢離婚。出軌多年後，父親回歸家庭，母親重新接納，彼此又開始和睦如初。一直覺得這樣的婚姻不如不要，如果要結婚，必須是真愛。我談了兩次戀愛，全心全意地付出，結果卻被劈腿。從此，我不再相信有真愛，對戀愛也抱持玩玩的心情。努力賺錢，覺得錢最能讓女人依靠。」

不能說她之後的決定不好，很多女性心理勵志文章都告訴大家錢對女人很重要（我也不否認）。但當我更仔細去品味這段話

時，終於明白當初看過後隱約覺得哪裡怪怪的感覺從何而來了，也終於明白很多人選擇單身卻立不住，最後依然自怨自艾的原因。

我想起一位快五十歲的朋友，她在娛樂演藝圈做幕後工作，有過幾段戀情，但一直都沒有步入婚姻。家中四位兄弟姊妹，除了她以外，都早早結婚生子了，所以父母對她一直單身又經常出差飄泊在外的狀態感到很憂心。隔三差五的就灌輸她老了沒人照顧是一件多麼孤單又可怕的事情，說女人還是要有個伴侶才好。

三十七歲那年的除夕夜當晚，她趁一家團圓，很慎重的告訴家人打算單身一輩子的決定。她說：「爸、媽，我其實是不婚主義者。但我不是因為失戀或覺得這個世界上男人都不可靠才選擇不婚的。因為失戀而對愛情絕望、無奈或以任何悲觀條件而不婚是非常不健康的。所以你們，親愛的家人，你們應該相信我的心理完全沒問題。我喜歡一個人的自由，自然就會承擔起負責自己的代價。所以我已經看好房子，付好頭期款，年後準備交屋了。我替自己保了完整的醫療保險，工作能力不錯，收入一直很穩定，但我還是會努力存一筆錢讓自己可以安心退休或預防意外。這是我想要的生活，而我們人啊努力一輩子，不就是為了這個嗎？」

後來，她的父母再也沒催過婚，她則成為家中唯一一個可以獨自帶著兩老去旅行的孩子。父母因為她的陪伴走過很多國家，漸漸覺得女兒沒結婚也滿好的。

舉這位朋友的例子是想告訴大家，無論結婚或單身，人選擇一種生活方式，首先是要出於主動，然後充分準備，才能持續熱愛與享受。而不是「時間到了」、「大家都這樣」、「因為我沒人愛」、「不相信世界有真愛」……聽起來隱隱感受到一點無奈與恨意的理由。

用我朋友的說法就是，不健康。

三十歲前，跟論及婚嫁的男友分手了，那時身邊的人都覺得我傻，放棄一位好對象。但兩年後我卻結婚了，還跟某人一起搬到北京定居。

結婚與否從來不是我考慮的重點，我相信自己縱使不選擇結婚這條路，我也能過得幸福。當時還沒有結婚的我也是這麼想的，如果哪天真的決定進入婚姻，我相信自己也能和沒結婚時一樣快樂。

我一直覺得這才是正確的思考方式：一個女人過得幸福與否，不該取決於她的婚姻狀態、是否有男人愛、有沒有生孩子。關

鍵是她自己,她過得是不是自己想要的生活。

朋友說:「不是所有人都跟妳一樣有勇氣『做自己』。」

她說得沒錯,做自己需要付出代價,會傷害對你用情至深的人,會令父母擔憂,也會被不明白的人誤解以及說三道四。只因為這樣就要滿足所有人的期待嗎?是我,我才不幹,畢竟日子是自己的。

前面提到,混娛樂圈幕後、快五十歲的那位大姊姊跟我說過一個有趣的想法,是她目前以身試法的實驗。

她說:「想過得具備婚姻生活的品質,又享受單身貴族的自由,那就得把婚姻中需要兩個人才會獲得的好處,用自己一個人的能力或賺來的錢辦到。比如,兩個人可以分擔的頭期款與房貸,你需要一個人賺到;兩個人可以相互照顧生活起居,那你可能就需要請個阿姨,不管做飯還是收拾家裡;夫妻老了有孩子可以照顧、陪伴,那你可以花錢替自己找看護或者設備環境好一點的養老院。不過呢,現在多半少子化了,指望養兒防老有點不切實際,一個孩子面對家中幾個老人,壓力比你更大。」

「以上,是比較實際的層面,至於感性方面,一個人奮鬥久了難免孤單,所以盡量培養多方興趣,廣結好友。有固定的性伴

侶當然很好，沒有也不用太糾結，因
為一個人生活久了之後，可能連找砲
友都覺得麻煩。內心能自我滿足的能
力越強，回到家只想完全擁有一個自
由自在、沒有人會打擾的空間。而且
養了貓之後，更加覺得我的選擇是對
的啊。」

將單身（不婚）進行到底確實是很難
的一件事，那意味著你要比選擇步入
婚姻、相互扶持的人更優秀、更強大
才行。否則，很難堅持下去。

最怕是你一開始牴觸婚姻，後來一個
人覺得太苦，羨慕別人有伴侶，又到
處尋覓可以讓自己依靠的人。如果是
這樣，將最終導致你什麼狀態下的生
活都過不好。

06

女權主義──自助餐

妳是那種享受權利，
但逃避義務與責任的女權主義者嗎？

社交平台上的言論很自由，現代人只要敢於抒發己見，犀利的
金句並不少見。金句很像精神鴉片，長期服用會讓人失去判斷，
成為價值觀被綁架的魁儡。

作為長期輸出女性文章的自媒體（我）來說，以倡導女性獨立
自主為宗旨的言論無疑是一把雙面刃，砍向社會亂象的同時，
也需要注意是否砍傷了自己。

所以在寫金句時我會特別注意，免得獨立自主的觀念沒有傳遞出去，卻養出了一批任性刁蠻的公主或女王，那可就搞笑了。

隨便羅列一下我覺得有問題，但被絕大多數女性傳頌的金句幾則，看看妳中了幾槍？

「別低頭，皇冠會掉；別流淚，賤人們會笑。」
「嫁什麼豪門，我自己就是豪門。」
「你負責掙錢養家，我負責貌美如花。」
「要嫁，就要嫁給一個把妳寵成公主的人。」
「看一個男人愛不愛妳，就看他給妳花了多少錢！」
「愛妳的男人是不會讓妳哭的！」
「我不知道什麼叫年少輕狂，我只知道什麼叫勝者為王。」

女性覺醒本來是一件值得頌揚的事，但女權意識的過度敏感，或在話語中夾雜「尋敵意識」，也許都違背了歷史進程中，無數女性先鋒的本意。（尋敵意識中的「敵」可以是男性或者小三、綠茶婊。而小三或綠茶婊本身就是很女權自助餐的詞彙）

海市蜃樓般的社交平台上，經常見到打著女性獨立旗幟替妳指點江山的人。可能是上述那些金句，也可能是《沒有公主命，就要有女王心》之類的心靈雞湯。妳被這樣的網路文化餵養成習之後，就會自然而然的以為女權是這般叫囂的模樣。

口舌的快感和唾沫的狂歡顯然是網路上最常上演的女性獨立劇本，加上時尚界的推波助瀾，當今女權主義猶如一件時髦的衣裳，彷彿只要穿上它，就可以霸佔道德和話語權的至高點，所向披靡。

只能說任何時代的意見領袖，都是特別偏激的。偏激的觀點才具有煽動人性的力量，而這恰恰是我感到害怕的地方。

「女權主義自助餐」一詞出現時，大家不太明白。簡單來說就是指那些只要男權世界的好處卻不要想要承擔男權世界的責任或義務的人。例如，不肯從事高壓職業，卻要求與男性同酬；要求男方高薪有房有車，反過來男方提出要求時，就用女權主義維護自己，說他物化女性。例子不勝枚舉，仔細觀察周遭，其實不難發現。

只想索取不想付出，猶如吃自助餐一樣只挑自己喜歡的。其本質上依然將女性歸類為社會弱勢的一方（但通常她們不這麼認為，甚至覺得自己很犀利），認為男性應該為其付出，而女性只要有一份自己的工作就算是「新時代獨立女性」了。

這確實很合社會中既企圖獨立又不願行動的女性群體的胃口。有一個巨大的誤解叫做「經濟獨立」。很多女孩開始工作之後，

能繳得起房租、水電費，買得起衣服化妝保養品就認為能養活自己，就是個經濟獨立自主的女人。可是你問她：「如果男方薪水比妳少，願意和他交往嗎？」多半猶豫或搖頭表明不想。有些為了顯示自己沒有那麼勢利，還會說：「我覺得要看他有沒有上進心，希望爬升到什麼地位才可以賺更多的錢。」

可是自己呢，不僅月光還沒有存款，約會如果男方跟你 AA 制，就上升到這個人不值得託付終生的高度。無法用同樣的標準要求自己，終究是女權半調子。

以下三句話，我想大家也都不陌生：
「我第一次都給他了，他怎麼可以辜負我？」
「為他付出的青春都白費了。」
「你知道女人生孩子要受多少苦嗎？」

當一個女人將青春或身體視為她最大的價值時，就意味著，隨著年紀的增長，她不能像男人那樣透過在職場上的拚搏獲得社會的認可，而且還自認是不斷貶值的。如果沒有意識到談女權前要先認清男女生理上存在絕對不可改變的差異，那麼就會混淆這其中的責任與義務。

「女人強大起來，都沒男人什麼事了，我們連孩子都能自己生」終究是一句自我意淫的話，別忘了，精子還是得「借」的。

我本人有強烈的經痛生理病史（其實經痛原因不明，但很多女生都會有，只是症狀輕重的區別）。每個月生理期第一天需要依靠止痛藥才能緩解經痛，從十幾歲初潮至今三十餘年，無一個月倖免。上班期間，我不能說自己沒有請過生理假，但離開公司自立門戶後，我開始沒有生理假。

為了與同行的男性化妝師競爭，無論是出外景、出差巧遇生理期，我都不會推掉案子，不會讓生理上的不舒服顯露在客戶面前。理由很簡單，如果變得麻煩又病懨懨，任何一位化妝師都可以取代我，而男性化妝師顯然沒有這一層困擾，還擁有可以幫忙協助提行李的「附加價值」，我若想勝出，必須足夠專業且值得信任才能搏出位。

在公司，生理假屬於女性員工的福利之一。有公司這把大傘的庇護，妳每個月請生理假也不至於丟掉工作。但如果想與同級的男性競爭升職機會，好好管理身體不讓它成為妳升職路上的阻礙，將會有很大的幫助。

同理，生產後在家育嬰幾年，女性重回職場的狀態通常都是不好的。不僅僅因為妳離開的這幾年職場已經變得跟以往不同，還有妳的心理狀態也跟以前不一樣。

讀者問過我一個問題：「小孩上小學了，事隔七年終於要重新

工作，但是好擔心職場對於我這樣的職業婦女不友善。」

我回覆她：「這不是一定的嗎？所以妳要加倍努力才行，不然會被職場生活暴擊喔！」

職場很現實，但只要能把工作幹得比別人出色，管你什麼性別，都足以擁有自己的一席之地。埋怨性別歧視之前，不如好好反省自己有沒有把工作做好，更有助於你成為一名優秀的人。

我始終認為，女權主義不只是一個名詞和條件，而是一個不斷隨著時代演變、隨著區域文化變動、富有歷史軌跡的動態內容。例如在女權的進程中，女性爭取穿褲裝曾經是一場劃時代的革命，事到如今，早就司空見慣。因此，物換星移，女權不可能走回以前的老路子，同樣是為女性爭取選擇的權利，但方法與手段再不會如此激進。

一個性別若能甩掉沉重的束縛，其實是另一個性別的福祉。而我們的下一代，都會蒙受這樣的恩惠，逐漸步出一條平權的康莊大道。

凱特謎之音

———————

不珍愛自己性別的美麗，
只專注將男性敵化，
終究是一個極度虛弱且自卑的女權主義者。

07

要嘛享受
要嘛忍受
——

孤獨，有時候是用來享受的，
有時候卻必須忍受。

有沒有覺得這年頭患「社交恐懼症」的人越來越多了？不善言詞，害怕人際關係，許多人都說自己社交苦手，寧願回家做自己喜歡的事情，「享受孤獨」。

於是，「享受孤獨」也因為「社交恐懼」而成為一種另類的品味象徵。

社交平台上很多人都要秀自己如何享受孤獨。是加班後迎接清晨的第一道曙光，是夜裡案牘上一盞昏黃的燈，是手鑿冰塊加波本威士忌，是雨點打在窗上的痕跡。

原來孤獨除了用來享受，還能拿來當做談資，相互炫耀。

沒有人會大方承認自己無法一個人，因為成年人的世界裡，享受孤獨是一種成熟的處世態度。說自己害怕孤單，很青少年。

我身邊就有把「每個人都需要獨處」當做口頭禪的小姊姊，可以一個人上餐廳吃飯，一個人看電影、逛街，一個人去世界的盡頭賞極光，身體力行「享受孤獨」，並不斷強調自己內心的充實與平和。

可越是這樣的小姊姊，越無法在戀愛時心平氣和地接受男友說「我覺得我需要獨處」這句話。她們會口頭上很成人式的答應「沒問題啊，我也覺得我們各自都需要獨處一下」，但轉頭就變成情竇初開的少女，不停來回想「他都在幹嘛呢？他現在人在哪裡？」一邊克制自己瘋狂想傳訊息給對方的慾望，一邊安撫自己「成熟一點」。

不是都已經一個人去世界的盡頭賞極光了嗎？為什麼才一個晚上的分離就無法忍受了？

原來，很多人所謂的享受孤獨，根本不是因為社交恐懼，有可能是因為他沒有人可以約，或沒有人想約他；有可能是他內心缺乏安全感，死鴨子嘴硬。這樣的人一旦談起戀愛，就會把自己原本的世界捨棄，變成了「只有對方和我」的世界。

但享受孤獨真的是這麼具象或形式化的表現嗎？我認為不是。孤獨前面之所以能夠被加上「享受」，重點還是在「享受」這兩個字。享受是什麼？就是投入其中，達到忘我。

所以真正能夠享受孤獨的人，其內心肯定從未感受過孤獨。既沒有必要標榜，也沒有必要秀出來，而是順應本心像呼吸一樣自然。

第一位在我面前承認自己不喜歡孤獨的人，是某人。生活中除了上廁所以外，他做什麼事都喜歡有人陪。他很討厭一個人。

有一陣子正值他事業起飛期，需要每幾個月就從北京飛去深圳待上一段時間。我雖然也出差飛來飛去，但起碼還是以北京為據點。好幾次，他工作結束回到深圳的租屋後會跟我抱怨自己很孤單。我問他今天有沒有找人一起吃飯，他說：「我每天都命令屬下帶我吃遍深圳，你說呢？」

「那不是很好嗎？今天吃了什麼？」我問。

顯然，他沒有想要回答今天吃什麼的問題，而是說：「妳要不要來深圳陪我？」說完後又自己反悔，因為我們都知道現實情況根本無法讓我去深圳「陪他」。

「那怎麼辦？」我問。
「那就忍著點唄。」他說。

對一個不喜歡孤獨的人來說，當孤獨來襲，只能選擇忍受。他

是一個誠實的人，從來沒有因為享受孤獨聽起來很像成熟大人
說的話而勉強自己去相信，甚至做到。這樣的他，讓我覺得很
可愛。

記得奧斯托（我們的第一隻貓）剛走的時候，他哭了好久好久。
不到一週就跟我商量起想再養貓的想法。我自己還沒從失去奧
斯托的悲傷中緩過來，他的提議讓我有點排斥。不過討論之後，
我就釋懷了。因為他說：「我不像妳，可以堅強獨立的處理這
種情緒，我需要借助其他新成員來分散我的傷心。而且妳每個
月起碼有一至兩週不在北京，我很需要家裡有『人』陪。」

我跟某人在面對孤獨這件事上完全是相反的兩極。若從原生家
庭帶給人最初的影響討論起，他是一個從小就內心「孤單」的
孩子，我則是一個從小就內心「豐富」的孩子。他缺愛，我則
在大家庭的陪伴下成長。

忽然，想起一位有名的音樂人在訪談中說過的一段話：

人活著應該有摯愛，但不能選擇一個活物。愛一個人，他可能
會變心；愛一隻寵物，他可能會死。一定要選擇一個不會離開
你的東西，我選擇的是音樂。

精神上的自給自足，說得恰是「享受孤獨」這件事，人生的圓

滿不借助活物，而是一個能長久陪伴自己的精神糧食。

某人總問我：「妳為何不怕寂寞？」

而我也總回答：「因為一個人的時候，我可以做的事情好多好多，多到沒有時間想自己是否是一個人這個問題。」

但我得承認，人生中確實有需要「忍受孤獨」的時候，這樣的孤獨，恐怕大部分的人或多或少都經歷過。

學生時代，高中、大學、研究所，都需要經歷一段又一段自學的時刻，這樣的孤獨因為太過私人，沒有人可以幫你分擔。進入社會工作後，我有一段很長的時間沒有多餘的錢和朋友去旅行，因為要在外租屋生活養自己和妹妹、減輕家中負荷。那時，常常覺得同儕的生活和自己的相去甚遠，內心頗為失衡。轉行時，即便是自己的選擇，卻依然在那段沒沒無聞、只有軟釘子碰的時候感到強烈的寂寞來襲。

有讀者對我傾訴：「每當工作很累又得不到回報的時候，我總是感覺很孤單。害怕這樣的日子如果一直下去怎麼辦？為什麼大家看起來都過得這麼快樂又滿足呢？是不是全世界只有我一個人如此辛苦地迎接每一個清晨與夜晚？」

我想，這是每位在城市裡奮鬥的人，心底最深的孤獨吧。對未來沒有把握，對當下只能盡力。唯一仰仗的，是工作上那得來不易卻非常短暫的成就感。這樣的孤獨消失之前，日子彷彿是無止境的循環，我們必須、也只能忍受。

叔本華說：「人們在這世上要麼選擇獨處，要麼選擇庸俗，除此之外，別無選擇。」

庸俗是多數人的常態，你想要脫離庸俗也就等於脫離了多數人，自然是必須孤獨的。孤獨啊，要嘛享受，要嘛忍受，沒有人打擾，心無旁騖，做你真正想做的事，包含做你自己。千萬不要貪心地想得到多數人的認同，卻又同時標新立異，那是不可能的，因為求異，本就是一件孤軍奮鬥的事。

這麼一來，同性戀、不婚、頂客……世界上任何一種被視為異類的孤獨的群體們也就多少有了安撫。雖然很孤獨，但喜歡這樣的孤獨，又何錯之有？

凱 特 謎 之 音

孤獨這個詞本身就很完美，
任何高雅的狀態本身就是孤獨的狀態。

08

成為熟女

有天妳一定會變老，
所以從現在開始，
是時候想想成為什麼樣的熟女才是妳想要的？

時間待女人是極殘酷的，這個社會也是。

時間對女人的殘酷是一點一點爬過皮膚，
帶走生的、嫩的、粉的、挺的……那些象
徵青春的東西。社會則是給妳女性意識抬
頭的權利，但同時告訴妳必須仰賴自己承
擔自身的命運。若想依靠誰，那就付出代
價。

瀟灑小姐在自己四十歲生日時公開了小自
己二十四歲的男友。一時間，輿論譁然，
大家稱之為「鮮肉菩薩」紛紛膜拜，因為
她的情史一攤開，都是高顏值小鮮肉。坊
間盛傳：「沒有人可以永遠年輕，但瀟灑
小姐的男友們可以。」

與當初米蘭達‧可兒離婚攜子依然可以吸引多金九〇後科技金童青睞的新聞一樣，許多女人刷著手機新聞意淫的同時，就喝下這碗雞湯了，卻忘記社會其實還是現實的。

同樣的年紀，同樣的境遇，妳和她們的距離還得看妳當下是一個什麼樣的人。她們可能是真正意義上的「熟女」：成熟、穩重、包容、純粹、保養得宜、充滿女人味、自由、獨立也多金。而妳有可能只是「年紀大了」。

如同，不是所有中年男子都能成為魅力大叔叫小蘿莉們瘋狂一樣，上了年紀的女人也不能全以熟女概稱。要知道，熟女對現代而言，是真正意義上的褒義詞，表示從經濟、人格、精神、心態、舉止和打扮，妳都張弛有度，風情萬種，耐人尋味。

淬鍊出這些熟女特質除了需要時間，更取決於「人生中的問題在妳這裡獲得怎樣的解決方式」。許多人不明白這一點，總以為年紀到了，只要看上去不老，能說幾句過來人的箴言，顯得世故、明理些，就能稱為「熟女」。生活中風平浪靜時當然可以假裝妳無所謂，但真正考驗熟女的從來就不是歲月靜好，而是各種起起落落的人生問題。

比如：經濟的重要性。先不要上升到是否事業有成，但起碼在安慰閨蜜失戀時，可以不用因為多開一瓶酒而怕自己買不了單；

父母當中不管是誰忽然生重病倒下，可以予以金援或生活上的協助。工作賺錢的目的不僅僅是相對程度上的提供自己物質滿足，更多是相輔相成的自我實現，與成為家庭裡可靠的一份子。

至於情感部分，從少女開始，誰沒有為愛情傷神落淚？但無比放大失戀的感覺，甚至影響到日常與工作，那便太過。相信愛情，不排斥婚姻，但也同時做好一個人的準備。熟女們面對情感的態度少掉了青春時的任性，倒是多了幾分內斂的淡定，而且依然保有自我。

瀟灑小姐值得大家膜拜的點真的只是「鮮肉收割機」嗎？不是的，是她從來不非議或消費任何一位前任，做到祝福與放手，且永遠相信愛情。

熟女的成熟之所以難能可貴，也許是歷經波折後，對於現實問題的體會更有深度，其中包含選擇不逃避問題，直面核心。最重要的是她能對自己的人生負全責，而不是取決於一個男人、一段愛情或婚姻。（當然，熟女並不排斥男人、愛情或婚姻）

有孩子的朋友說，哪有什麼工作與家庭平衡之說，都是權衡利弊與選擇的結果，勢必會有顧此失彼的時候。而且每個人的承受力不同，拿孩子、拿工作、拿必須賺錢當作向外界博取同情的手段，都是一種責任推卸。因為妳要明白，當初選擇工作並

兼顧家庭的狀態也是妳自願的。

此外，特別現實的一點還有，外表。

妳所看見的那些案例，那些讓蘿莉羨慕、鮮肉愛慕的三十五至五十歲熟女們，儘管不再青春，卻有自己的儀態，並將容貌與身材管理的不錯。這一點用大叔來做對比最清楚了，能稱得上魅力大叔的，絕對不會有肚腩（或禿頭）。

當然，熟女選擇什麼樣的手法維持外表，也往往凸顯自己面對老去這個問題的真實心態（很怕？還是姊接受原本的自己）。拜科技之賜，女人的臉想要看起來比實際年紀年輕是越來越容易了，但身材無法，身材還是要扎扎實實的鍛鍊才可以。

每個女人對於完美自然有一套屬於自己的想法，卻未必曾真正深入而有所作為。如果時光終將流逝，青春不再永駐，還有什麼是可以讓我們的生命更加豐滿自信的？這或許要從妳想如何老去開始做起。

如果要歸納出一句話形容熟女，我想也許就是「寵辱不驚」吧。在成為女友、妻子、母親之前，他們都是先有自己的追求、工作成就與自我的。如此不為誰輕易妥協的美，或許才是我窮盡一生想要實現的追求。

不是因為來到四十歲才說這樣的話，但也許是到了這樣的年紀
才有資格感嘆：身為一位總有辦法自己解決問題的熟女，要比
懵懵懂懂的少女來得有意思多了。而我也相信，性格與外貌皆
成熟的狀態，是很多女人想追求的完美之一。

凱 特 謎 之 音

比起少女之路，熟女之路更加難走。
因為總有人敵不過生活的難處，情感的衝擊，
以致最後帶著年老色衰的現實，
潦草收場。

09

偽——上流

沒有人會拒絕更好的生活，
問題是，該怎麼得到？

稍微對時尚步調長點心的女生，應該或多或少有自己心儀的部
落客或網紅。網路多媒體時代的崛起，讓我們很容易發現原來
世界上竟然存在這麼多年輕漂亮又有錢的女孩。她們有自己的
時尚風格，有自己的生活品味，還不乏一堆忠心耿耿的追隨者，
如同偶像一樣的被崇拜著。他們為一些平凡的女生，重新定義
了所謂「網紅年代的上流社會」。

於是，跟著她買了穿戴在身上的單品，用了她推薦的任何東西。
觀賞她的生活片段，從那些影片和照片中剪輯了屬於妳的幻想
中的「她的生活」。即便發現自己買一個名牌包需要花掉差不
多兩個月的薪水，也願意藉此來讓自己覺得「嗯，我跟她的距
離又拉近了一些」，以及「我讓周圍的朋友又多羨慕了我一些」。

這些新興的上流女孩為我們提供的範本不外乎：多金、美麗、會打扮、出入各種派對場合、擁有男神或暖男般的伴侶。結婚的話，婚禮肯定夢幻又奢華，沒準還能上頭條。而說走就走的旅行，根本就是為她們量身訂做的標語。

曾經有一篇文章，粗略地統計過成為一位女神需要花多少錢？從頭到腳的治裝費用、保養品、彩妝品、配件、定期的頭髮修剪染燙、SPA⋯⋯細數這些花在外表的投資，你猜多少錢？

一年十萬至二十萬。而且，還是相對比較便宜的。想花得更講究、更高檔一點，也不是沒有選擇。

我認識一個女生叫做 Jun。還是大學生的她打了兩份工，一個早班一個大夜班。她的家庭不算富裕，因此需要工讀賺生活費用。她的閨蜜有倆，兩個都是富二代，聚在一起就是討論名牌和男孩。

有一天和 Jun 意外在街上偶遇，要不是她叫我，我簡直無法相信眼前這位掛著兩圈黑眼圈、滿臉痘痘的女生是曾經嫩的掐得出水的她。我驚呼：「妳吸毒啦？怎麼搞得臉色這麼難看？」她才不好意思說：「我太累，累出毛病了」。

原來 Jun 把工讀的時數增加了，為了賺錢，連學校都經常缺課。

至於她賺來的錢，全都用來買名牌包包跟衣服。為了跟閨蜜有相同話題，平起平坐，她每次跟他們見面都要換個不一樣的包，穿得一身瞎趴才有面子。甚至為了贏過她們，費盡心思研究國外最紅的部落客都背了那些新款或限定款。如果說出來她們不知道，自己就能得意好久。

她跟我說這些事的時候，順便脫下了身上的外套，小心翼翼地掛在椅背上。我瞄到內領口的布標上還掛著吊牌，我說：「妳吊牌忘記拆啦？」她回答：「沒有哇，這樣才能轉賣出去，九點九成新，價錢比較好。」

忽然間，我覺得這女孩病的不只生理，連心理也烏煙瘴氣了。

打開妳的 Facebook，下刷後會發現超過十則 PO 文都是告訴妳該買什麼、什麼好燒，好像沒買就輸了、就離「懂得如何經營生活的自信女人」好遠。我每次看到這些，就如同看到莫泊桑在《項鍊》故事裡的女主角瑪蒂達。

瑪蒂達為了參加上流社會的派對，跟自己的好友借了價值不斐的金剛鑽項鍊。終於得償所願在舞會上美了一回，受到各種男士的青睞與讚美。結束後卻不小心把項鍊弄丟了，礙於情面，又不好意思跟好友說，於是買了一條一模一樣的項鍊歸還。而這個代價就是從此以後，瑪蒂達與丈夫從一個小康家庭，變成

了負債三萬六千法郎的窮人家。歷經十年的省吃儉用才還清債款，也賠掉了自己十年的美好青春。當被困難生活刻劃成平凡傭婦的瑪蒂達再次見到好友時，跟好友坦白了這件事。好友又驚訝又疑惑地對她說：「親愛的，我可憐的瑪蒂達啊，項鍊是假的，最多也就值五百法郎吧」。

莫泊桑的諷刺放在今日彷彿是在說：「傻女孩啊，妳看到的那些網紅們，不是原本就是富二代，要不就是偽裝成上流女孩。把擁有奢侈品視為通往精緻美好的唯一道路，卻在現實中各種降低自己的生活品質，那樣的精緻，真的叫做精緻嗎？」

網路上流行著敗家後嚷著要去吃土的人，有些是瞎嚷嚷，有些是有苦說不出。奢侈品的存在，是提供我們對生活高度的追求，而不是標籤化一個人。不管是傳統的上流社會，或是網紅年代的上流社會，我們需要去在意的不是他們生孩子花了多少錢在豪華月子中心坐月子，而是他們之所以成為社會上層階級的理由。他們的上一輩、上上一輩、甚至是他們自己，在專業領域以及對社會的貢獻中其實都比我們來的更優秀。許多時尚部落客卸下白天的光環後，回到家，哪一個不是抱著電腦修片趕稿想文案？他們花在工作上的時間，恐怕是很多人的兩倍，甚至以上。

因此，瑪蒂達重重吃了一記來自對上流社會誤解的悶虧。因為

拜金，所以認為好朋友都是用最好最棒的東西，殊不知讓好朋友看起來像個貴婦的，其實跟珠寶沒有任何關係。是她的樣貌氣質談吐舉止，以及家中歷代人打拚下來的基礎，那得以讓後世仰賴的背景。

回到先前提到的 Jun，她也許是翻版瑪蒂達之一。我問她：「妳知道妳的閨蜜們為何現在能過上比妳還好的生活嗎？」話音未落她急著回答：「還不是因為她們家裡有錢」。

我說：「是的，她們家裡有錢。而她們家裡有錢的主要原因可能是她的父母或爺爺奶奶那一代很努力地變優秀，然後改變了下一代的生活。我們不怪罪自己的父母沒能給我們富裕的生活，但也許願意努力透過學習和工作改變現況的我們，能給自己的下一代甚至是自己，一個成為上流社會的可能。而那個可能絕對不是放棄學校的課業，每天打兩份工加上大夜班的工讀薪水，然後賠上健康的身體與青春。」

語畢，我因為還有事，起身拿著帳單去結帳了。回想起剛進門時 Jun 說這間店的消費太貴一直不肯進來，直到我說「別擔心，我請客。這裡的茶和檸檬塔簡直人間美味必須要試試」才半推半就。不知道一直追著奢侈品的她是否清楚，生活的美好不是擁有哪些物質，而是當妳享受那些物質時，妳不必為了負擔他們而感到痛苦。

凱特謎之音

———

妳不需要穿得看起來很有錢，
而是需要看起來像妳自己。
因為認識妳的人都知道妳一個月大概賺多少錢。

10

少女情結

在一個自然美抵不過人工美的年代，
我們追求年輕究竟是因為怕老，
還是因為一生糾纏不清的少女情結？

我曾經做過新娘秘書，幫不少新娘化過妝、做過造型。每次在入場前替她們順好裙擺，等待會場大門開啟時，都會猜想她們此刻的心情。從她要求的妝感，選擇的禮服款式，頭髮樣式，一一反應出她內心的渴望。萬眾矚目的時刻，妳希望用什麼形象登場？

有一位新娘讓我印象深刻。她的婚禮辦在三重某一間以海鮮聞名的宴會餐廳，那樣的場地自然不是挑高氣派的飯店宴會廳可比擬的，連新娘走的紅毯都是在桌數無比精算之間，彷彿從夾縫中生出來的一條羊腸小徑。

但就算是那樣的小徑，依然敵不過她內心想要穿著大裙擺白紗禮服走上舞台的心。開場前，我蹲下去幫她順好裙擺，看見紅毯上斑駁的不知名湯汁乾掉後的汙漬，恰恰與潔白的紗裙形成強烈對比，她拖著長長的尾巴昂首自信緩緩向前，好像在趕赴

一場唯我獨尊的戰役。中途，白紗裙擺還不小心卡在某一桌客人的椅腳下。

不得不說，她的決心真的震懾我了。

迪士尼告訴小女孩，公主有很多種，總有一個是妳想當的。長大後，妳不見得還有公主夢，也不見得會有公主病，但也許或多或少殘存著少女心。

我喜歡的女作家李維菁在《我是許涼涼》曾有過這麼一段敘述：

妳是人生的哪個當口，認清自己不過只是個平凡人呢？……許多曾經是公主的小女孩，如今成了在公車、捷運裡猛打呵欠，中午以便利商店的御飯糰果腹，下午遭到上司辱罵、丟文件，只好到廁所擦乾眼淚，回家靠著敷臉自我安慰的平庸上班族。曾經自以為是公主的，不過是人生的婢女而已。更悲傷的是，公主夢碎，取而代之的是一生糾纏不清的少女情結。

有少女心的人相信總有一天那個人會帶她離開這個現實的世界。於是承諾：你不來，我不老。我不想老，也不願老，在等到你之前。

我身邊的 R 就是這樣一個年過四十、依然覺得自己能用二十歲

心智和外表談戀愛的大齡女青年。

拜身高一五〇所賜，她的迷你降低了一些實際年齡帶來的成熟，但偶爾還是能看見眼下、眼周幾條不安份的小摺子，在笑起來的時候出賣了她。自從知道我老是熬夜，她每次見我都要提一下睡美容覺的重要：「妳要是可以每天十一點前就寢，就用不著煩惱妳的淚溝和黑眼圈了。」在保養功夫上頗為執著的 R 用身為處女座的龜毛徹底執行她認為的青春秘方。所以近親都知道，晚上十一點到隔天早上六點，她的手機是關機狀態。

這對每天睡前要滑一個多鐘頭手機的我來說，好似天方夜譚。

R 不喜歡同齡的男人，也不喜歡年紀比他大的。她說男人過了四十歲，身上會有一種比女人老了以後更糟糕的氣味。她說這段話時我下意識地嗅了一嗅自己的胳膊，嗯……早知道剛剛不吃麻辣鍋了。三十五歲之後，她的幾段戀情全是姊弟戀，而且對象有越來越年輕的趨勢。每次只要有年輕男子出現在周圍，她的表情與聲調就會自動轉成少女模式。這樣的 R 一直都不討同性喜歡，背地裡被叫做「老少女」。

但我卻不討厭 R，原因是比起很多靠醫美在維持外貌的女人，起碼她的外表很自然。這說明了她內心對自己足夠有自信，那充滿粉紅玫瑰色的謎之自信。

在 R 身上，我有時候會看見自己遺失的少女心。例如，她總會特別把屬於我的星座運勢從網路上節錄下來貼給我（也許也針對其他知心朋友或家人）；為了聽懂喜歡的韓國男明星講的話，報名了韓語課程，現在聽說讀寫完全沒問題；假裝聽不懂黃色笑話，甚至搗住耳朵說不想聽；幫自己的車取名叫做大寶貝，每天都要坐在大寶貝的懷裡，感謝大寶貝讓她不受風吹日曬雨淋；說話時，第一人稱是自己的名字，而不是我，例如「R 喜歡像宋仲基歐巴那種男生。」

剛認識她的時候經常要忍住巴她頭的衝動，久了倒覺得這樣的她，有一種反差萌。因為除卻這些少女情懷，她對待工作，態度可是極認真又大刀闊斧，完全不馬虎的那種人。而我一直對工作能力出色的女生沒輒，打從心裡就喜歡這種類型的人，所以看待她的少女情結也就充滿濾鏡，愈發覺得是個人特色了。

尤其在所有少女都拒絕承認自己是少女時，堅持做一名「老少女」，天知道要多少的自我感覺良好才能進行到底？你覺得她不知道自己被叫做老少女嗎？她一定知道的，而且非常清楚別人為何這樣稱呼她。一想到她其實明白，卻始終如一做她自己，就又在心中多加幾分上去了。

也許，體會到自己不過就是人生婢女的妳，在現實生活受了氣，回家敷臉泡澡只是自我安慰。但 R 的少女心卻是在向眾人表態：

不管外界如何,我用一種屬於自己的節奏和願望過著粉色般的
日子。那些七彩斑斕的泡泡,就算會幻滅,也必須由我自己戳
破。

少女永遠不死,儘管妳試圖藏得很深,還是會在某些不經意的
時候,偷跑出來問候。

凱 特 謎 之 音

我想當,成熟的女孩,
可愛的女人。
不至於要永恆的顏,
卻需要偶爾的少女心。

Chapter

2

關係____

Relationships

愛情、婚姻、親情、友誼，
小小的人兒啊，
是什麼讓我們越來越親密？
又是什麼讓我們終至分崩離析？
小小的_____人兒啊。

:

01

不能嫁給──你

分開以後，
生活中我們未必會再相遇了，
但在記憶裡，我們都還很年輕，
而我那時也真的是，不能嫁給你。

在一場活動中遇見了老朋友 H。或者應該說，與你的共同朋友。

自從分手後我們各自嫁娶，朋友也各自選邊站。和你交情較深的那一群，聽說至今仍時不時把我拿出來數落一番。至於那些不鹹不淡的，則永遠在八卦我們最後為何分開？畢竟當時，我們可是買了房有了車，雙方父母圍著一圓桌吃吃喝喝過的那種關係。看在他人眼裡，那無疑是奔著結婚去的呀。

跟 H 的談話我至今還記得。如果把那天的對話內容還原，也許就是為了十四年前那樁未了公案做完結。是一段「我為什麼沒有嫁給你」的自白。

二十五歲認識你的時候，我正打算從談了六年的戀情中出走。你的出現，是壓倒駱駝的最後一根稻草。還來不及產出失戀的悲傷，就已經開始熱戀。原來，我也曾是這麼瘋狂的小妞。天秤座的你，生性愛好自由，恰巧遇上不太愛管人也不太黏人的（偽）天蠍座，我們一拍即合。沒多久，你便經常夜宿我家。

交往期間你創了兩次業，我兩次都舉雙手贊成並大力支持你。甚至，開幕當天遇上母親節，為了替你打氣，也是我第一次沒有趕回南部看我媽。

往後的日子，不管加班還是與朋友、同事餐敍，我一定結束後

去店裡找你，等你收拾完再一起回家。你不只一次騎著車對坐後座的我說，「這就是我喜歡的平淡的幸福。」我聽了好多次，但一次也沒弄明白。

我想，我沒弄明白的原因可能是打從心底認為，這樣的平淡並不能稱為幸福。你追求著你的夢想，卻從來沒有問我，我到底追求什麼？想過什麼樣的人生？尤其當你將我視作未來的妻子人選時，連交友圈都開始有意無意的干涉。這讓我感到惶恐。

不得不說，極具長輩緣的你把我的家人收拾得服服貼貼，連我的妹妹們都開始管你叫姊夫。像是坐正了丈夫的那把龍椅般，你開始努力賺錢買房買車，信誓旦旦要給我踏實溫暖的日子。我很想由衷說聲感激，但我實在說不出口。因為每每在你不只一次檢視我穿什麼樣的衣服出門時，我只感到渾身不對勁兒。你說，你喜歡我素淨的樣子。但你認識我時，我就不是素淨的樣子啊。

你不管，你模擬了一個好女孩的形象要我照著辦。

印象中最深刻的是那雙布鞋。你送我的禮物。那是一雙手工縫製的軟布鞋，藏青色配上白色的軟膠底，白色的鞋帶。該怎麼說呢？森林系？有一種下北澤的浪人文青感。

你說第一眼看到時就覺得非常適合我，因為現貨的碼數不合我的尺寸，還等了兩週手工製作的時間。但我打開時一點驚喜也沒有，並不覺得這鞋子上面寫了我的名字。那是我第一次深深懷疑你想像中的我與現實中的我的落差，還是，其實你想要我變成你的理想型？

真是細思恐極。

好幾次我都想，如果懂你所謂「平淡的幸福」，也許過幾年就嫁給你了。生兩個白胖的娃，素著一張臉為家庭洗手作羹湯，然後中年一起發福。這是你想要的圓滿生活。

如果是這樣，那我上台北工作究竟是為了什麼？這樣平淡的幸福在屏東就可以完成了，根本不必要離鄉背井。我都還沒實現想在台北實現的夢呢。

對，你負責任，又慈愛，大家都支持你，你是正常軌道上的好青年典範，但我越來越覺得，自己不是你劇本裡面的好妻子好媳婦好媽媽。也許你從來不在意我想成為什麼樣的人，但或許你也在意，只是覺得沒那麼重要。也或許覺得你要我變成的樣子比我自己追求的更好。

真是應驗了那一句「有多少愛以『都是為你好』之名在執行」。

所以即便你是好青年，即便背棄你要承受所有人的責罵，我也打算一去不回頭。我打算離開你了，如果你的夢想是眼前這樣，那麼陪你一起實現的人其實可以不必是我。真的，不必是我。

H 聽完我的自白之後，很久才開口問：「這十二年來妳從來沒有對誰說過嗎？」

「沒有，對誰都沒有說過。」我回答。
「那妳今天為什麼要告訴我？」他笑著說。

「一開始本想藉著你的嘴回頭幫我洗白的，但說完之後，我覺得你要不要告訴別人對我而言已經不重要了。總是有人刻意跑來告訴我，他現在過得幸福，妻子是他要的人，小孩也很可愛，事業又穩定。但你想想啊，如果當年是我嫁給他，恐怕結局不會這麼美滿。加上我現在也過得不錯，不是更加印證了那時所做的決定是正確的嗎？」我說。

「會不會在另一個平行時空裡，其實你們都相互成為自己想做的那種人，然後彼此相愛？」H 有感而發。

「你太浪漫了吧？又不是《La La Land》，哈哈哈。」

H 感覺到自己好像說了一番蠢話，也朝我尷尬笑了笑。「我不

知道，我只明白如果時間倒退，不管多少次，我都會做一樣的決定。無論如何，我都會選擇做那個『壞人』。」

「壞人啊……。」H 重複著這兩個字。

「時間差不多了，我該走了。」買過單，我們一起走出咖啡館，H 向我道再見後往停車場的方向走去。我在原地站了一會兒，猶豫著要打開手機 APP 叫車還是散步走一段路。

抬頭看見陽光被樹木枝葉的縫隙剪碎，像灑了一地金黃色不規則亮片的地毯，閃閃發光。深吸一口氣，邁開步伐，心裡頓時感受到前所未有的輕鬆。

凱特謎之音

如果重新再來一次，會怎麼樣？不怎麼樣。

02

為愛──走天涯

事到如今，
我才願意承認當年的自己其實是，
為愛走天涯。

人間四月天，送你去機場的路上我們沒有說太多話。台北的春
天有時陽光普照，有時陰雨綿綿，風吹起來不暖也不涼，整個
城市的人看起來不濃也不淡，各個面目模糊，像我們一樣。已
經想不起那天登機前跟你說過什麼話，倒是回程時在車上一頭
昏睡過去的記憶從來就沒忘，他們說：「睡得很熟，到家門口
才醒。」

哦，對了，那天下午還有工作，要出外景的。失眠了一夜，沒敢跟你說。

時間是二○○七年。距離你離開台北隻身到北京工作，已經四個月過去。我坐在澳門機場等待轉機，手裡拿著上週才剛辦好的台胞證覺得新鮮。機場的空調應該是壞了，把候機大廳變成一個巨大的冷藏室。穿著薄薄夏裝、一動不動的我覺得腦袋都快被凍傻了，兩邊太陽穴隱隱作痛。在異地的夏天染上傷風，連水都不知道該怎麼喝。太熱，出汗。太涼，畏寒。本就對北京這座城市沒太多好感，因為感冒就更足不出戶了。

彼時的北京正在準備迎接一年後的奧運，各式各樣寫著標語的巨幅廣告看板林立在這個城市的每個角落，為了做好東道主，似乎卯足了勁兒在教育市民如何文明禮貌，卻不免有點臨時抱佛腳的感覺。最可愛的還是北京奧運的吉祥物「五色福娃」，充滿中國特色。賣盜版碟的店到處都有，感覺是別樹一格的國民外交（？）。

「喂，你不要給我伴手禮，但幫我買二十張碟吧。」去過北京的朋友這麼交代著。

台灣到北京的航線還沒開放直飛，在香港或澳門轉機飛到北京會耗掉一整天的時間。不管是你回來還是我去找你都容易讓人

在舟車勞頓中失去耐性。而一向不喜歡空窗期的我，對遠距離戀情更是適應不良。

「還是分手吧。」台北，在電話這頭，我淡淡地說。

即便上次去的時候我幸運遇見了下雪的北京，興奮了整整三天，卻也沒辦法從此對熱帶的島國短少期待。我的未來還是在台灣的，而你的北京夢，對不起，無法奉陪了。聽到電話那頭你哽咽地挽留，我假裝無動於衷。

「難道你就不遺憾嗎？」你問。

世界每分每秒都有遺憾發生，人的一生隨時都在錯過。錯過班車、錯過花開、錯過剛出爐的麵包、錯過跟最愛的親人說再見。

當愛情與現實抗衡時，如果錯過是一種必然，那我們也只能接受。你決定在北京發展，我執意在台灣深耕。遠距離的愛情太奢侈，不是花費的問題，是時間和地域的問題，我們沒有這麼多毅力足以支撐彼此。你有我不能體會的新生活，我有你漸漸無法理解的現在進行式。這一年中我們雖然都在努力消弭這些差距，卻還是錯過了很多關鍵時刻不是嗎？

你丟給我一個結論：「那我們結婚吧。」

三十二歲的我覺得二十九歲的你有點意氣用事。「知道自己在說什麼嗎？」我尷尬地笑了一聲。

「對，世界是有那麼多的遺憾，而我只是不想錯過你。」

隔天，你臨時向公司請假，搭上最早的一班飛機回台灣，見到我時已經傍晚。你幫我提著工作箱爬上沒有電梯的五樓，一起回到當時同居但現在只有我跟妹妹住的房子。而再過六小時，就又要啟程趕赴機場回北京。

十二月的台北雖不似北京冬天來得那麼冷冽，但落雨的夜也足夠一對不知道未來何去何從的戀人們傷感了。我突然覺得提出分手的自己有點自私，這種難受的心情不由得令我想起前幾年去曼谷旅行時發生的小插曲。

那是我們第二次旅行，在曼谷最熱鬧的商場，我在試衣間前排隊等著。隊伍很長，眼見著就要輪到我時，你一臉難色跑來說：「我隱形眼鏡掉了，現在看不太清楚。妳陪我去找找能不能買到新的。」

「下一個就輪到我了，我試完陪你去。你要不先坐著等？」
「沒關係，那我自己去好了。現在這樣好難受。」

說完你往外走了出去，我望著手上那幾件衣服，看著隊伍猶豫了一會兒決定放棄。人生地疏，我怎麼能讓你在看不清楚的狀態下貿然離開呢？但出了商場卻早已看你不見。內心忽然有種遺失了某樣重要東西的慌張感，我焦急地在出入口來回打轉。約莫四十分鐘後你終於出現，手中拿著兩支甜筒冰淇淋笑嘻嘻地朝我走來。

「試完啦？正好，給你買的。」
「隱形眼鏡呢？」
「搞定啦，你看。」

不太大的眼睛朝著我眨呀眨的。一時間，讓我有想哭的衝動。

「結婚後我們一起在北京生活吧。一直以來妳想做的事我都會全力支持的不是嗎？如果初期擔心經濟的問題，不要怕，有我啊。」此時，在台北濕冷的小房間裡，你再次提起結婚的事，用你那對不太大的眼睛瞅著我。

我彷彿回到曼谷商場的試衣間隊伍，手裡拿著不肯放下的衣服，如同我一直以來都不願意放下的台灣的一切。而這次自私的決定是不是真的會讓我失去某樣重要的東西？

十年過去，我把北京過成另外一個台北。明白只要有你在的地

方才叫做家，才能真正讓我得到庇護與休息。

「當年放棄在台灣的事業選擇結婚去北京，不太像是妳會做的事耶？」朋友疑惑地問。

「妳的意思是『為愛走天涯』違背了我的原則嗎？」

「可以這麼說吧，妳看起來就是以自己的事業為主，隨時可以放棄愛情的人啊。」

確實是如此沒錯，要不是你那次專程用一天的時間往返北京台北，專程跑回來告訴我你不想錯過我，我想，結果應該會因為我的自私而彼此分道揚鑣了吧？曾經，我以為在愛情面前理性看待所有事情的自己很獨立，殊不知，愛過不是一生，錯過才是。一生這個詞何其大，站在它面前，我渺小地低進塵埃，卻孤傲地認為自己不需要有人長相廝守。

「如果說，所謂成長就是不斷打臉自己的過程。對啊，我是『為愛走天涯』，怎麼樣？妳盡情嘲笑吧。」多年以後，我終於與自己的彆扭和解，我終於感謝不願輕言放棄的你軟化了我多年的執拗，融化一座自以為是的冰山。

「妳拋擲過硬幣嗎？」我問。

「妳是說正面代表是，反面代表不是那種嗎？」

「嗯，對的。乍看不太科學，但如果當妳為著某件事情進退兩難的時候，如何做出決定？妳可以試著拋擲硬幣。第一次拋了之後，如果還想再拋一次，那麼證明妳其實已經有了答案。」

「不會吧，妳的意思是說當年決定結婚去北京生活是用拋硬幣決定的啊？」朋友驚訝。

「妳說呢？」我給了她一個謎之微笑。

凱特謎之音

──

永恆是愛情臉上一記響亮的耳光，
告訴你，錯過了，
便是一生

03

靈魂與傻事

沒在深夜痛哭過的人不足以聊人生；
沒在愛情裡幹過傻事的人不足以談靈魂。

三個女人湊在一起聊天，不是說當天不在場的姊妹閒話，就是聊男人。那天討論的是「曾為愛做過的傻事」。小魚首先發言，有幾分「我第一代表我最慘」的意思。

大學畢業那年她認識一名貝斯手，在頗有人氣的地下樂團中是號人物。才氣加上名氣，小魚對他如痴如狂。半年後他們同居了，小魚白天上班，晚上到樂團駐唱的地方端茶遞水的伺候。

貝斯手只分攤過前三個月的房租，後來就全交給小魚了，理由是必須把自己的錢拿來買樂器，等他更有名氣或者被唱片公司簽下來，「到時候給妳換間更大的房子，我來養妳」貝斯手邊調音邊跟小魚這麼說。

大學剛畢業的薪水其實不多，小魚省吃儉用，承擔房租和多數的生活開銷。每當為錢煩惱陷入困境時，看著台上認真帥氣並且被底下人群簇擁著的貝斯手，就會默默告訴自己這一切值得。還有什麼比當男人一無所有時就陪在身邊的女人更偉大？每每想到這兒，小魚總情不自禁地嘴角上揚，幻想鎂光燈啪喳啪喳地響，記者媒體一路追問，她語氣堅強但略帶羞澀地說：「我一直都知道他會成功」。

小魚工作能力不錯，幾年後升官了。隨著工作忙碌，晚上能看樂團表演的時間越來越少。他們兩人一個白天一個黑夜，即使在家遇上，不是她在睡覺，就是起早準備上班了。有天中午臨時取消了一場會議，小魚興沖沖地外帶高級生魚片握壽司直奔家裡想給貝斯手一個驚喜。誰料，回家看到的畫面是貝斯手生吃鮑魚（還是兩腿間的）。那因太過震驚而順手丟擲過去的生魚片握壽司落地後一個個摔出餐盒，從此小魚便開始討厭魚腥味，甚至連看到菜單上的圖片都會一陣作嘔。

「這就是妳幹過最傻的事？」琪琪問。

「當然不是，我做過最傻的是這個。」小魚解開手錶，露出橫過手腕內部淡褐色的一條線。那線條若不是刻意秀出來，還以為是皮膚肌理的摺子。

琪琪摸著小魚的手腕仔細端詳說：「哇塞，妳太前衛了，我們那個年代就流行這個」。

小魚最後一次見到貝斯手是在醫院病床上。在這之前他們吵了無數次的架，貝斯手也偷了無數次的腥。

「想想也許是他身上有我沒有的才氣與名氣吧，感覺跟他在一起，做他的女朋友，我也能被其他人追逐著。但是在醫院裡，他迫不及待想從身邊逃走的眼神瞬間讓我清醒了。若說有什麼真感情，也許就熱戀前三個月吧，剩下的，都是自己的一廂情願」。

每個人都喜歡別人為他瘋狂，但那個人如果真的失去理智，卻是避之惟恐不及的。小魚說自己是貪戀貝斯手的才氣與名氣，在我看來，她或許也被深愛貝斯手的自己感動著，執意認為這才叫做愛。

女人經歷過這些之後，變得再也無法只愛對方的靈魂。愛靈魂這種高尚的事，一生嚐過一次就夠了，因為代價很高，有時甚

至高於生命的本質，能從中清醒回頭的，無不為自己撿回一條命而慶幸著。

但事實是，沒有人願意聽到原來自己不是因為靈魂的價值而被愛。愛對方的錢不能說，要說愛他的體貼；愛他的帥不能說，要說愛他的性格。愛她的 D 罩杯不能說，要說愛她的純真；愛她的平凡不能說，要說愛她的與眾不同。

愛情想變得誠懇，靈魂是最好的包裝。

「我的雙眼皮是割的。」她指了指眼睛。我還沒從小魚的故事裡回魂，琪琪就自己爆料了。

大三那年得知暗戀的學長喜歡雙眼皮大眼睛的女生，於是整個暑假拚命打工，存夠錢後，瞞著父母去美容診所把單鳳眼變成了歐式雙眼皮。結果學長沒追到，反而被同學私下嘲笑「氣質變得怪怪的」。

後悔嗎？琪琪說有一點後悔。

這個後悔很複雜，不但夾雜著「變成雙眼皮後學長也沒有比較喜歡我」，另外還失去了自己的個人特色。「單鳳眼其實是代表我的靈魂之一，而我卻因為一個也許不會愛我的人親手毀滅

了它，想想就覺得自己好傻。」

但如果當初因此而在一起了呢，還後悔嗎？很難說。就像當初因為靈魂美而愛上的那個人，倘若就此天長地久了，是不是就相信所謂的愛情了？

「聽完你們的故事，我覺得自己做過的傻事都不那麼傻了。當初我為了挽回男友而哭鬧一整晚把自己哭暈過去，對方嚇到叫救護車，然後躲了我好幾天。」

原來傻是一種比較級，你以為你已經夠傻、夠丟臉了，結果永遠有人往更傻的境界奔去。在做傻事這條路上，女人真的不用怕寂寞，好多人陪妳。

「其實我當初在手腕上劃一道也不是真的想去死，只是覺得我付出那麼多，為何還得不到愛？在醫院時，我媽日夜照顧，一句責備的話也沒有，才讓我驚覺自己做了多麼可怕的事。」小魚說著說著紅了眼眶。

愛情確實是年少時生命裡最重要的部分，能夠理性對待的女孩太少了，誰不是曾經愛得死去活來，用最極端的手法來捍衛真心。但希望妳能明白，沉溺在自己建築起來的悲傷中並不能解決所有關於愛與不愛的問題，想找回自己最好的方式永遠是轉

過身去，重新開始，而不是面對深淵一躍而下，玉石俱焚。

我們可以犯傻，但不能失去自己最重要的靈魂。

凱 特 謎 之 音

寶寶心裡苦，但寶寶不說。
不說的原因是，他 X 的我太傻了。

04

嫁給——有錢人

女人一個人時可以忍受貧窮，
兩個人就不行了。
因為會忍不住把自己的窮都怪罪給他。

週末跟朋友餐敍，聊到大家各自在 Line 或微信裡有什麼主題群，例如吃貨肯定是由一群愛吃的人集合起來的，愛買床組的（這也能成？）愛看韓劇的，愛聊肌肉男的（應該不是只聊肌肉吧？）愛旅行的……等等，其中有一個年輕女孩說她有個群叫做「嫁給有錢人」。

在場的人眼睛都亮了，即便有些早就已婚。大家紛紛八卦那個群裡聊什麼，要女孩老實交代。小妹妹禁不起各方的壓力，扭扭捏捏地說：「其實就是我們有一群長得都不錯的，年紀差不多的朋友，一起不定期跟某些富二代聯誼。群裡就是討論怎麼跟這些富二代建立關係，用什麼手段——不，是方式來跟他們約會。我不是一開始就加入的，是有一次被一個姊妹拉去富二代的生日派對，那次之後才加入的。聽說，這個群裡已經順利把三個女孩嫁進豪門了。」

「妳不是有個從大學就開始交往的男友嗎？」其中一人道。
「是啦，我也就看看嘛，好玩呀。」女孩急忙解釋。

「她還年輕，別逼她。嫁給有錢人又沒有錯，有顏有青春，她比在座的都有機會。」姊姊輩的人跳出來指一指，又說：「這個群只是把多數女人的想法化成實實的行動而已」。

前幾年，網路盛傳過一個故事，一位年輕漂亮的美國女孩在一

家大型網路論壇金融版上發表了《怎樣才能嫁給有錢人？》的
問題，大意是：

我二十五歲，長相是那種讓人驚艷的漂亮。談吐文雅，有品味，
想嫁給年薪五十萬美元的人。你也許會說我貪心，但在紐約，
年薪一百萬美元只算是中產階級，我的要求不高吧？這個版上
有沒有年薪超過五十萬美元的人？你們都結婚了嗎？我想請教
各位，怎樣才能嫁給像你們這樣的有錢人？

> 1）有錢的單身漢一般都在哪裡出沒？（請列出酒吧、飯店
>   或健身房的名字和詳細地址）
> 2）我的目標該定在哪個年齡段？
> 3）為什麼有些富豪的妻子看起來很平凡，卻能嫁給他們？
> 4）你們怎麼決定誰能做妻子，誰只能做女朋友？（我的目
>   標是結婚）

後來有一位金融家回覆了這個女孩：

我懷著極大的興趣看完了妳的問題，相信不少女孩也有跟妳類
似的疑問。容我以一個投資專家的身分，對妳的處境做個分析。
（註：我年薪超過五十萬，符合妳的擇偶標準，所以請相信我
並不是在浪費大家的時間）

從生意人的角度來看，跟妳結婚是個糟糕的經營決策，道理很

明顯，請聽我解釋。拋開其他贅述，妳所說的其實是一筆簡單的「財」「貌」交易：妳提供迷人的外表，對方出錢（亦即跟妳結婚做長期飯票）。但是，這裡有個致命的關鍵，妳的美貌會消逝，但對方的錢卻不會無緣無故減少。事實上，對方的收入很可能是逐年遞增的，而妳卻不可能一年比一年漂亮。因此，從經濟學的角度來看，對方是增值資產，妳是貶值資產，不但貶值，而且是加速貶值！

妳現在二十五歲，在未來的五年裡，也許還能保持窈窕的身段，相對好看的容貌，雖然每年略有退步。但美貌消逝的速度只會越來越快，如果它是妳僅有的資產，十年以後你的價值堪憂。用華爾街術語說，每筆交易都有一個倉位，跟妳交往屬於「交易倉位（Trading Position）」，一旦價值下跌就要立即拋售，不宜長期持有（而妳想要的婚姻屬於長期持有）。聽起來很殘忍，但對一件會加速貶值的東西，明智的選擇是「租賃」，而不是「購入」。年薪能超過五十萬美元的人，當然都不是傻瓜，因此他們只會跟妳交往，但不會跟妳結婚。所以我勸妳不要苦苦尋找嫁給有錢人的方法。但妳倒可以想辦法把自己變成年薪五十萬美元的人，這比踫到一個有錢的傻瓜，勝算要大。

希望我的回覆能對妳有幫助。而如果妳對「租賃」感興趣，歡迎跟我聯繫。

這個故事很有趣，給一百個人看會有一百種意見。有人說，華爾街黃金單身漢最後的勸說根本無用，這個女孩若有本事把自己變成年薪五十萬美元的人，她就不會問怎麼嫁給有錢人的問題。就像范爺說過：「嫁什麼豪門？我自己就是豪門」。把自己變成年薪五十萬美元的人比較難，還是把自己嫁給年薪五十萬美元的人比較難？這個問題，沒有絕對的答案。可我相信，一定有人願意用年薪五十萬美元的身價，娶一個年輕貌美的妻子。因為有這個身價的男人，未必都是婚戀市場上的搶手貨，錢是他們唯一拿得出手且能控制的東西，而他不介意多一個能用錢控制的東西。相對的，這些有錢人也給了女孩們一個微妙的暗示，讓她們以為擁有美貌和青春就等於擁有嫁給有錢人最基本的籌碼。

故事最大的爭議莫過於情感的部分。現代（年輕漂亮的）女人是否能單純以嫁給錢為目的而結婚？沒有情感基礎，也不在乎對方長相、家庭背景、興趣嗜好……等等，單單只是有錢，若是妳，妳嫁還是不嫁？

（猶豫了吧？）

因此絕大多數希望嫁給有錢人的女孩，真正的心聲恐怕是：「嫁給一個愛我、我也喜歡的男人，而他『剛好』很有錢。」

女人，
吃過愛情的苦之後就不願意吃沒錢的苦，
但愛情與賺錢，
都是要受苦的。

05

婚姻中的性別綁架

婚姻組合已經不限於一男一女，
而是更趨近於一個性別模糊的中性時代。
價值觀的吻合與能力的分工重組，
才是成就婚姻幸福的關鍵。

身邊越來越多的職業婦女因為小孩的關係決定暫別職場,這樣的選擇似乎合理地走入一個男主外女主內的普世價值。至少,無論婆家或娘家都是贊成的,也不會覺得女方是否犧牲多一些。

這讓我想到之前認識的一對夫妻,他們有兩個孩子,家中經濟主要靠位於高階的妻子,在家帶孩子並操持家務的丈夫從事藝術方面的工作,但因為是外接案子,案源不穩定,自己也沒有勤於開發,所以基本無業。而且透過外表,很容易就能看出他們在家庭中扮演的角色。

女方眼神犀利明亮,談笑間自信沉穩,詼諧幽默,一身俐落的及膝針織連身裙,搭配五公分高小貓跟淺口鞋,H牌絲巾隨意披掛在頸項間。男方是素淨的淺藍細格紋襯衫,捲起袖口,休閒卡其褲上一條棕色皮帶,頂著紳士草帽,搭配舒服柔軟的藏青色樂福便鞋,沉默寡言,但笑容中有親和力。孩子坐著跟大夥吃飯時,基本上是父親在照看倆兄弟。

經濟獨立自主的女人談戀愛時不介意男友的收入短少於自己,但真正考慮到婚姻,還是很難不把男方的經濟能力考慮進去。許多認識這對夫妻的人都對他們的組合感到好奇與佩服,覺得他們顛覆了傳統價值,真正做到活出自我,不在乎外界眼光。曾經,我也是好奇與佩服的其中一員,欣賞他們在家庭中扮演的中性角色,那麼的脫俗、絕對。

去年，間接得知這對夫妻離婚了。原因大概是男方長期沒有工作的狀態逐漸讓女方生厭。於是，我原本覺得美好的小宇宙，瞬間就瓦解了。

大勢女與文藝青年的婚姻，看似敗給了金錢，其實更多是敗給了自己的矛盾。在外拚搏的女人累了，回到家後，即使有溫柔的男人給自己端茶遞水噓寒問暖，也不免偶爾失落。如果這個男人可以有點戰鬥力，是不是自己就能夠少用點力？當文藝氣息漸漸變成沒有出息，當初說好的角色扮演，恐怕就有人玩不下去。只是不知道大勢女想過沒有？在外風行雷厲的那種男性，有幾個能蹲下來幫妳整理垃圾桶？而要她完全回歸家庭，是不是能做得比自己的丈夫更好？

成功男性接受訪問，一定會說打拚的過程中犧牲了很多與孩子相處的時間，用來對照自己的無奈。我聽過一個例子是，成功男有天心血來潮去國小接孩子下課，結果撲了空，因為他忙到不知道自己的兒子早就上國中了。如此不用心的父親把犧牲家人相處的時間，變成成功人士炫耀自己受委屈的資本，竟還受到圍觀群眾的心疼與感動。這種熱鬧，我一直覺得八卦得很變態。

因為同樣的情況如果換成女性，她瞬間就成為失格的母親，誰管妳事業體多麼成功，犧牲孩子就是不對。所以，政壇上絕大

多數的女菁英，多半未婚。有趣的是，不管妳未婚，或是結了婚後重視工作多於家庭孩子，那些責備妳不該如此的人，不是早就離開職場去當家庭主婦，要不就是工作幹得沒妳出色。

撻伐女性的加害者，有時多半是同性。實在是令人非常心寒的現況。

老實說，與其講女權，大家談更多的其實是「人權」。男女本來就各自背負著社會中關於倫理道德不同標準的包袱。但如果把男女都當做一個獨立的個人去看待，就能夠少一點被這些普世價值打臉的狀況，亦能少掉很多矛盾或雙重標準。在這個漸漸沒有人硬性規定男人該如何或女人不能如何的時代，不管你選擇維持傳統還是標新立異，都一樣能得到理解與支持。不是因為你的性別，是因為你是一個獨立的個體，能為自己的選擇負責。

除了生孩子這件事因為生理構造無法真正對調之外，婚姻中的角色其實都能因應彼此雙方更擅長做什麼來選擇更合適的扮演。如果先生就是比太太會帶小孩、更想帶小孩，為什麼不能由他來負責？如果女人就是賺的比男人多，選擇結婚多扛點家計就會被說太辛苦？如果在工作上你不願意受到性別歧視，那麼在婚姻中也別輕易被性別綁架。

女權自助餐之所以為人詬病，也是因為大多數在職場上不願被歧視的女性，談到戀愛、婚姻就開始計較起男性的收入，甚至覺得男人本就該承擔多一點的責任。只享受好處，不願意承擔代價，女權失去原本爭取公平的意義，淪為女性遮羞的符號。

朋友中有對夫妻，在他們家，媽媽是負責開車的人。我私下好奇問了媽媽為何是她掌握方向盤，她說：「因為我先生的方向感不好，靠導航也走錯路那種。後來我們商量只要一起出門都由我來開車。說真的，我車開得比他好，路走過一次就記得。」

「我是第一個問這個問題的人嗎？」

「才不是呢，我公婆、我自己的爸媽、好多朋友都問過，他們非常不能理解一個男人開不好車。但其實他不是真的不好，只是我更擅長而已。如果交換過來能讓我們彼此都輕鬆，不是很好嗎？車是我們在開又不是別人。」

同理，日子是我們在過，又不是別人。那些對我們的決定說三道四的人並不會負責我們的人生。如果這樣，還理會幹嘛？

凱特謎之音 ——

——
我們必須先好好當一個人，
才能更好地當一個男人與一個女人。

06
好閨蜜──養成守則

閨蜜永遠不老，
只會慢慢停經。

會手牽手一起去洗手間的也只有女人了吧？正因為如此，女人間的友情才有討論的價值。忘掉狗血的《小時代》吧，膩在一起，同進同出，清楚底細卻又互揭瘡疤並不代表親密。至於《慾望城市》中的友情？那只是一個經典傳說。

離開校園，在缺少朝夕相處的條件下，日漸淡出某個社交圈是必然的事。進入社會的第五年你可能會開始重視工作上的人際關係更甚於那些校園往日情懷。有人說：「沒有任何利益下結交的友情最為單純。」這句話我始終覺得很有爭議。如果在有利益關係之下彼此還能相互欣賞推心置腹，這份情感會比純純的友誼來的更加可貴。畢竟，單純的喜歡裡如果缺乏共同語言，努力維持本身就是一種困難。

三十歲之後，時間與經歷開始為妳篩選身邊的朋友，妳也可能從別人的生活圈中被除名，朋友對妳而言開始分成很多類別，妳也會下意識地替他們做出分級。

有時我不禁想：我覺得對自己而言非常重要的朋友是否也跟我一樣珍惜這些情感付出？她或我之於彼此的價值何在？如果人生中少了她們或者她們的人生中少了我，究竟會不會不同？

至今，能被我稱為閨蜜的朋友不多，或者說在我交友不廣闊的人際關係裡，他們是少數中的極少數。曾有一位閨蜜對我說：「妳

是個非常好的傾聽者。理性、義氣、聰明、善良，在迷惘的時候總能在陪伴的同時也給我正面的力量。但拜託妳也學會跟我一樣訴苦，讓我知道，原來自己對妳而言也有相同的價值。」

這位好閨蜜是懂我的，了解我悶葫蘆性格才會不惜循循善誘。體諒我的被動，卻也點醒我的被動。她說我應該學會訴苦，適當地依賴別人，有助於增加彼此情感的黏著度。因為人人都需要透過「被需要」來建立起情感中的自信。

能從朋友進化成閨蜜是有條件的。上述的例子叫做有心，另外就是價值觀和品味相同，再來是彼此之間存在一股向上的力量，並願意在過程中相互扶持，一同成長。在第一本書中我曾經說過好朋友就是要「讓彼此都有錢」，這個「錢」是心靈上的富有，也是物質上的平等。唯有經濟能力相當，你們在做選擇時才不會有懸殊的落差，需要顧及對方的面子去迎合或配合。

有人覺得談錢很俗氣，但凌駕於錢之上去談感情其實只是在逃避某些尷尬，在我看來，並沒有比較高尚。

例如，決定飛來北京幫我過生日的閨蜜，說隔天到就隔天準時出現在機場。我訂了一輛商務型的車子去接機與送機，希望她二十四小時來回可以更輕鬆。

沒有經濟能力打破時空的距離，說再多的愛也僅僅是空談。要一起說走就走來場旅行難道都不需要錢嗎？

有個朋友說，她最怕好友讓自己選餐廳，因為她總是需要顧及對方的收入，連開一瓶酒都不能說「我請客」，怕對方敏感，更怕對方說「我只有喝一杯，其他都是你喝的，那我就付四分之一吧」這種話。明明是替人著想，卻很容易變成製造出另外一個難題。時間久了，情感也會漸漸在這些不能言說的顧慮中，由濃轉淡。

學生時代我也曾有過像閨蜜一般的朋友。後來因為種種原因，對方不和我聯繫了。那些原因至今有的猜得到，有些不明朗。難過是一定有的，但在無法獲得證實之下，也只能說服自己接受這個局面。人生的道路並不太長，每個人都有權利決定要不要讓這段感情繼續。尤其當妳沒有太多精力去分散時，慎選朋友好好交往就變得極為重要。妳會放棄一些人，自然也會被某些人放棄。但如果離開妳的人越來越多，也許就要深思一下其中的脈絡了。

想要維持永遠的閨蜜情其實並不難，最重要的一點也許就是「界限感」吧。

感覺有點矛盾？閨蜜不就是彼此親密無間嗎？為何最重要的反

而是界限感呢？因為最不容易做到的也正是「不越界」。

很多人認為閨蜜是可以共同分享秘密的人，是傾吐心事的對象，是吃喝玩樂同在一起的好朋友。可以互借衣服鞋子包包，需要對方時，不管多遠一通電話就可以遠道奔來。

可我們終究需要尊重對方是一個獨立的個體，擁有她自己的思想與做選擇的能力，妳無法左右她的人生，正如妳的人生也需要自己負責。同時，給彼此有些話不想說的權力，以及和對方的男友或丈夫維持比普通朋友還淡的交情，最好能不互加好友，就不互加好友。因為界限感也包含避嫌。

或許在很多女人心中，愛情是至高無上的。但像閨蜜一般真正的友情，很多時候卻更勝於愛情。人生總有高高低低不同境遇，身邊有個不離不棄的好朋友相互陪伴到老，這樣的幸福，絕對不輸給愛情或婚姻。

凱 特 謎 之 音

———

女性友情不會清新得像剛拆開的茶樹精華超薄棉網護墊，
卻可能比婚姻還靠得住。

07

與昨日—和解

原生家庭欠你的，要靠自己找回來。

昨日已遠，指日可待。

寫原生家庭這個主題時，我本來打算無論如何結論都要正能量。
幾經思考，覺得正能量太假了，於是想著：「有沒有一種態度
是既喪又暖的？」畢竟，這主題無論如何都眾口難平，也是很
多人童年甚至是成人之後，好了又復疼的瘡疤。

「理想的父母是人生的指導者，可惜你的父母不是——別難過，
很多人的父母也不是」。中國豆瓣討論小組「父母皆禍害」就
是基於這樣的理念成立的，這裡聚集了一群在父母子女關係中
受到挫折、苦苦思索出路的年輕人。他們相互取暖（可能也比
慘），透過與陌生人的傾訴、討論，為自己在原生家庭中受到
的苦尋找出口。

這個小組的名字聽起來相當大逆不道，但「父母皆禍害」小組
開宗明義就表示：「反對不是目的，而是一種積極手段，為的
是個人向社會化進一步發展，達到自身素質的完善。我們不是
不盡孝道，我們只想生活得更好。在孝敬的前提下，抵禦腐朽、
無知、無理取鬧的父母的束縛和戕害。這一點需要技巧，我們
共同探討。」

二〇一八年公視迷你影集《你的孩子不是你的孩子》也在討論
父母是否皆禍害的議題。「都是為你好」的情感綁架早就已經

不能概括原生家庭對孩子（即我們）造成的人格偏差，追本溯源，也許我們的父母也來自一個令他們窒息的原生家庭，才導致這樣一種冤冤相報的惡性死循環。

所以討論對錯是沒有意義的，他們沒有走出來的路，在你這一代，要靠你自己走出來。有多少孩子不喜歡自己的父母，卻在多年以後活成了父母的樣子。原生家庭，真的是帶著疼痛與絕望的字眼啊。

理解並接納自己父母的孩子很少，當我們各自談到家庭時，朋友說起了自己的過往。

「我好像從小就覺得自己配不上好東西，家裡總是很陳舊、陰暗、潮溼。用木板隔出了兩間房，父母一間，我跟弟弟一間。爸爸在工地工作，媽媽是工廠女工，他們被生活壓迫到華髮早生，面容都失去光彩。父親只在賭桌上能找回氣概，贏了錢回家，喝醉；輸了錢回家，也喝醉。唯一不同的是輸了錢，媽媽會挨揍。

我從來不敢帶同學來家裡玩，去朋友家裡也覺得不自在，那種不自在長大之後才明白叫做『自卑』。我的媽媽總是頭很低，怯懦地忍受父親揮過來的拳頭，然後抱著我跟弟弟哭，叫我們以後一定不能拋棄她。她的語氣不是懇求，是命令，有時甚至會跟我說『當初不該生下妳』。

高中後我就開始打工，不想伸手跟父母要錢。想考取好大學還是需要一點額外的補習費，但我真不想跟他們要求，不想聽到任何一句『給妳錢，妳以後要記得孝順我』的話。考上大學後我叫弟弟也這麼做，只有考上外縣市的好學校，我們才能離開家。

我的工作運不錯，畢業至今一直都順利升遷。也許是因為我也夠努力吧，想靠自己在大城市裡扎根兒，卻事到如今依舊活得像片浮萍，有家歸不得，刻意跟父母保持距離，只按月匯錢給我母親。這個距離是我覺得對自己最好的距離，錢代表我僅有的孝心。其實怨和恨都還在，這點我比誰都清楚，但我不能再給多一點愛了，那會讓我想起兒時為何不曾被這樣對待？

去年，我爸中風了，我媽叫我和弟弟回去看看他。電話裡說『他至少是你爸爸』，我聽了想笑。他是個父親嗎？他有一點父親的樣子嗎？

父親長年酗酒而發紫的臉此時因局部面癱而控制不住口水，低頭的母親背好像更馱了，他們老的我認不出樣子。也不知道要說什麼，把一些保健品往桌上一擺，我急忙就想走。我想可能是我當時忽然意識到了那由愛生恨的原因了吧。

我想逃。在我眼淚奪眶而出之前，我只想逃。』

半晌，我們誰都沒有出聲。她安安靜靜拿起紙巾，在眼睛周圍掃了兩下，然後說：「我問妳，淺薄的認知、粗糙的生活，是不是會將愛跟親情都稀釋？」

「也許真的會吧，貧困的物質生活，未曾接受教育的底層思想，真的會讓愛變的蒼白無力吧。出外工作飄泊了之後，妳是不是回頭看見自己父母的苦衷與過失了？」

「對啊，雖然打算原諒他們了，但我依然不想回家，可以嗎？」
「可以的。」我說。

多數人或許都沒有意識到，年輕的時候你之所以想要過這種生活而不是那種生活，你之所以是這種氣質而不是那種氣質，之所以會這麼想而不會那樣想，最根本的原因也許只有一個，就是你的家庭教育。而一個人終其一生的努力，就是在整合他自童年時代起就已經形成的性格。好的、壞的、有意識的、無意識的將現在與過去進行和解。

不是只有貧困會造成缺憾，很多中產階級，甚至小康以上的家庭，都會因各種不同的原因而有各自的問題。

父母的控制、打擊、輕視、涉入、情感失和，為我們人格發展埋下了潛在的風險，難怪心理學家要說，生命中最不幸的一個

事實就是──我們所遭遇的第一個重大磨難多半來自家庭，而這樣的磨難還可以遺傳。

童年陰影看不見、摸不著，卻真真切切存在，並影響一生。於是長大後，有人選擇將自己命運的不順歸咎於父母，但事實上，原生家庭在心理學被提出時，是想藉由追溯本源來解決問題，並非把責任推給誰。

如同我的朋友，當她明白自己的怨恨從何而來時，選擇用自己的方式原諒父母。她放下一塊長期壓在胸口上的石頭，讓自己獲得喘息機會，重新呼吸新的空氣。走出陳舊、陰暗、潮溼的家，她終於明白自己也值得好的東西、好的情感、好的生活，不再自卑。

父母也許真的可以毀童年，但屬於自己的成年則要自己負責。花多久時間都沒關係，只要有一天，當傷害已成昨日，我們的明天才會有機會更好吧。

凱 特 謎 之 音

你羨慕在幸福家庭長大的孩子，
但你也要相信自己的人生不會比他們差。

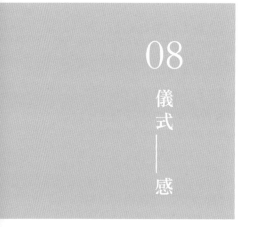

08
儀式——感

小王子問狐狸：「儀式是什麼？」
狐狸說：
「它就是使某一天與其他日子不同，
使某一刻與其他的時刻不同。」

二月十四日是我與某人結婚的日期，不僅是情人節，也是我們的結婚紀念日。時間走得比我們想像中快，花白了我們原本烏黑的髮絲，稍微弄皺了我們的眼角，原來，這就是十一年光陰的軌跡。

在家晚餐時我隨口問了問：「求婚時的道具現在放在哪兒啊？」
「在我家裡以前的房間，衣櫃的最上頭。」第一時間，他毫不猶豫地回答。

我對他如此自信記得這個道具覺得十分訝異，因為平時他可是什麼東西都要問我才找得到，就算是自己收好的東西也是。

「竟然記得這麼清楚？」我笑著說。

「廢話，那可是我精心安排的橋段跟道具呢。」面露一點小驕傲。

那個道具是一頂有著比拳頭還大的超大顆鑽石裝飾的安全帽。某天晚上洗完澡踏入臥房時，看見他戴著那頂安全帽頂著大鑽石說：「嫁給我吧。」我先是嚇了一跳，然後就笑岔了氣兒。

剛認識那會兒我還在做平面設計，有一回工作需要，便在圖紙上畫了一枚鑽戒，被他惡作劇就著戒圈化成一個小人頭頂著大鑽石，模樣可愛。我便隨口說：「以後你要是像畫裡的小人兒那樣跟我求婚，我就嫁給你。」

浪漫從來不是鮮花、禮車、燭光晚餐，也許就是你一句無心話語，卻被對方惦記在心底。

籌辦婚禮時，某人剛到北京發展一年，我也預備結束台灣的工作，搬過去北京定居。

公證結婚不花什麼錢，但有個交換戒指的儀式，我們就戴著那頂鑽石安全帽與求婚時的戒指當證物交換，在法官與其他新人忍著笑意的過程中，完成了結婚公證。

某人對我說：「以後給妳買個真正的鑽戒。」我點了點頭，但其實心裡卻很明白，我會永遠珍惜這枚某人在沒什麼錢時就買下的戒指。不是最漂亮的，卻見證了我跟他之間的結合。

第一次，我發現，儀式感的背後，是愛和成全。

婚宴在雙方親人的規劃下簡單進行。沒時間拍婚紗照，新人的禮服也在東拼西湊下完成。我在北京五棵松婚紗批發市場找來一件魚尾裙白紗，因為不太合身，婚禮當天還用別針整了一下。某人從來不穿西裝，就臨時拿自己類似西服的外套頂替上場，反正也滿符合他平素裡的裝扮，所以沒人覺得不妥。

即使新人看起來如此寒酸，但婚宴卻非常熱鬧而溫馨。尤其對我的家族來說，之前經歷幾番生離死別已經很久沒有喜事發生，恰好藉著這場婚宴，在儀式的見證映照下，讓長輩們一路以來的辛苦、委屈和沉重，得以被釋放與安撫。

這一次，我發現，儀式感的背後，是祝福與感謝。

這似乎是早就被人遺忘，或者被很多制式流程沖刷掉的重要的事。

關於儀式感，《小王子》裡這麼描述：

第二天，小王子又來了。

「最好還是在原來的那個時間來。」狐狸說。「比如說，你下午四點來，那麼從三點起，我就開始感到幸福。時間越靠近，我就感到越幸福。但是，如果你隨便什麼時候來，我就不知道在什麼時候該準備好我的心情……應當有一定的儀式。」

「儀式是什麼？」小王子問。

狐狸說：「它就是使某一天與其他日子不同，使某一刻與其他時刻不同。」

一位同樣結婚超過十年的朋友跟我說：「從結婚的第一週年，我們夫妻就開始紀念這個日子。」

第一次慶祝時女方將自己上上下下、仔仔細細打扮一番，而先生僅僅穿著休閒裝束便想上餐館，直接被她拉進房換了套西裝。從此之後，反而是先生每年都盼望週年，穿好西裝梳好頭，把孩子暫時交給父母，兩人盛裝去約會。他們會提前預定最好的餐廳，給彼此開一瓶最貴的紅酒。即時午夜十二點過後就打回原形，依然覺得值回票價。

原來，婚姻裡的儀式感是一種相互需要的感覺，是將雙方從日

常事務或家庭角色裡抽離出來，重新對接彼此，以藉此找回最初的愛和依戀。

越來越多的人誤解儀式感，以為那不過就只是炫耀、擺拍或者應付。但儀式感的存在，其實往往是在提醒我們珍惜生命中對自己而言重要的人、事、物，提醒我們記得某個重要的時刻，某個僅僅對我們而言才重要的東西。甚至，很多容易隨著時間流逝，隨著生活瑣碎一一被覆蓋過、被遺忘掉的事，藉由儀式的進行則會讓我們記得。

它可以不用奢華、舖張，但絕對要發自內心覺得必要。

某人多年後仍舊記得求婚橋段的理由是什麼？無非就是因為他重視，並用心設計過這件事。

儀式感也是一種對生活的慎重。所以有入學典禮、有畢業典禮；工作被錄取了，有書面錄取通知，有一道專門進入公司的手續，而不是簡單用一通電話告知：「好，那你明天過來上班吧。」如果過程太過隨便輕鬆，我們反而會質疑這份共同契約的真實性。

與某人結婚時我三十二歲。傳統社會的認知中，這個年紀對一個放棄發展中的事業，追隨丈夫到異鄉拚搏，重新和他一起白

手起家的女人而言，是有點晚的年紀。

二〇〇九年初，我們雙雙失業，某人便自行成立製作公司，從此開始自己跑起業務接活兒。而我，則在電視台幕後做日領兩百元人民幣的梳化工作人員，不管有沒有排班，家裡的事務也一手承擔。我跟他說自己是在扶持並見證一場「男孩如何變成男人」的儀式。

結婚週年的餐桌上，我們談起最初，感嘆終於算是過上當初希望的生活了。我和某人從未慎重約定過什麼，甚至連結婚週年的這頓飯都是日常簡單的三菜一湯，沒有酒的慶祝（是的，某人酒量不好，不愛喝酒）。

我說：「十一年了耶，好快。結婚週年、情人節快樂。」

他扒了口飯，點頭「嗯」了一聲。目前是兩間公司負責人的他，確實沒有男孩的毛躁與青澀了。

而「男孩如何變成男人」的儀式，我也算是見證到了。

凱特謎之音 ——

不要對自己的記性過度自信，
許多我們容易忘掉的事，
儀式會幫我們記得。

09

勢均力敵
與各取所需

婚姻是女人的二次投胎？
嘴巴說不是，身體卻很誠實。

天王與天王嫂灑起狗糧來真的是讓所有單身狗感到悲涼的一件
事。不是超跑，就是愛馬仕，不是男人夢想要的東西，就是女
人夢想要的東西。

好奇心之下，我問了身邊算事業有成的男生（已婚、未婚），
關於這種灑狗糧的新聞的觀感。其中，有一位的回答饒富趣味，
值得思考。

「如果我打開手機的新聞頁面刷過去，一條是郭董與柯文哲結盟，一條是天王嫂送超跑給天王當生日禮物，想都不用想，我一定是點開第一條去看的。」

所以到底是誰會點開第二條呢？咱們就心照不宣吧。

許多的例子顯示，女人還是會羨慕「嫁得好」的同類，因此越來越多年輕貌美的女孩不願踏實的工作，只想趕緊在婚戀市場標價最高的時期把自己許給長期飯票。之後便可以搖著人生勝利組的旗幟，刷孩子、丈夫、秀家庭幸福來吸引關注。至於真實生活下的自己是否滿腹委屈與被限制自由，則不在討論範圍，因為她們始終堅信自己不會屬於那類過不好的人，或者覺得有錢更重要。由此可見，隨著時代的更迭，嫁得好的標準在全世界依然是以男人的資產總額或家庭背景為主要話語權。

不是只有獨立自主的女性才配得到尊重與稱羨，也不是只有單純不貪心的女孩才稱得上美好與幸福。有供給就有需求，對男人而言，他們想娶的女人一直以來都很明確：「確保可以繁衍子嗣因而必須年輕，以支持家庭、支持他為人生唯一夢想與理想的女子。」

資本主義下的社會，我們都要有點功利的私心，才能走上真正的康莊大道。這一點，男人始終比我們做得好。怎麼說呢？但

凡有點成就、有點錢的男人，他們對自己內心的需求都是很誠實、很直接的。戀愛與婚姻對象，可以分得清楚。想戀愛的時候絕對不會結婚，想結婚的時候絕對不會把戀愛的人娶回家。

《東京女子圖鑑》是我想推薦給求仁不得仁的迷途女子看的一部日劇。因為全劇把慾望、野心、男人、愛情、婚姻分析得透徹又真實。直白的劇不多了，我們也該從標榜勢均力敵的愛情中醒來，好好想想什麼才是各取所需的婚姻。

《東京女子圖鑑》裡有幾個男人陸續出現在女主角「綾」的身邊。他們構成都市男子群像列表，讓我們了解各種典型的男人他們的行為與意圖。其中包含單純的初戀、階級意識明白的富二代、愛好蘿莉養成的大叔、其貌不揚的直男前夫、青春正盛的小鮮肉、性取向不明的男閨蜜。但唯一沒有與綾發展出情愛關係、後來反而可以討論很多話題的「涼」，其實才是最接近我們現今社會中大多數男人的典型。

換句話說，在我們生活周遭所能接觸到的男人，大部分是「涼」這種的。

涼是一個沒有家世背景、隻身來到大城市打拚的野心家，或說想出人頭地的人。努力提高自己的收入，努力擠身菁英的行列。這樣完全靠自己拚搏才能與成功人士沾上一點兒邊的男人，通

常都是在社會裡受過許多壓力與不平等對待之後，辛苦地脫胎換骨的。成就讓他們自戀又自大，但同時也是得來不易的成就讓他們自卑又自私。但恰巧也是這樣的男人，才有一雙火眼金睛，有本事把女人表面清高、內心貪婪的那面一針見血地點破。

他說：「嘴上說什麼愛情，其實愛情對妳們女人來說就是開著進口跑車帶妳們去箱根旅行，就是請你們吃人均消費五萬日幣的高級套餐的男人。還有，就是必須要有預定才能買到的大鑽戒吧。什麼誠意啊，愛情啊，看不到這些東西就跟沒有一樣。」

涼討厭拜金的女人，卻又為了讓別人或讓女人看得起自己，拚了命也要把自己往有錢有勢的地位拱上去。仔細看，這樣的男人其實遍布在我們周邊，他既不適合目標直指就是要嫁給長期飯票的女人，也不適合有自己的工作與目標、獨立又充滿想法的女人。因為前者他鄙視加唾棄，後者太做自己恐怕又承擔不起。因此當綾問他「男人會選擇什麼樣的女人結婚」時，他毫不猶豫便說出：「一無所有的女人吧，沒有自己的夢想也沒有理想，只是天真浪漫地支持他的女人。」

涼是真的對綾說出自己內心真正的想法了，而這個想法讓我覺得既真實又刺痛。當社會中絕大多數的男人想娶的是這樣的女人時，我們這種有夢想、獨立又自主的女人能結婚，簡直是業界奇蹟。

「但妳不覺得其實像涼這種社會普遍典型的男人，恰好能配的就是嘴裡說不在乎錢只在乎愛情，實際上卻只看存款與薪水數字的女人嗎？她們戀愛時完全可以變成沒有自己的夢想也沒有理想，只是天真浪漫地支持他的女人呢。她們可以為了結成婚，變成任何男人喜歡的類型。」朋友說。

「嗯，這樣的兩種人湊成一對也算是勢均力敵、各取所需了。」我說。

什麼叫做認清現實的現代獨立女性？當自身在創造價值時，也同時明白自我的侷限。妳無法跟現實妥協、將就婚姻，是因為妳也在找一個勢均力敵、各取所需的另一半。妳支持他的理想，他也支持妳的夢想。你們為堅持己見僵持不下，也會因體諒彼此的辛苦而願意包容。這樣的人跟妳一樣是社會中的稀缺品，所以要有耐心，所以在等待的同時妳也要善待自己。當妳有這樣的覺悟時，修煉的過程也就不會覺得自己過於孤單，而羨慕他人為何總能抓住幸福了。

希望以後遇見的你，不要對我懷有太多期待。

如此，你跟我才可以成為夥伴一起吃遍人間煙火。

我們保持蔑視又相互奉承，各自獨立又彼此依賴。

結果有一天，可能是很老的那天，

你忽然憶起，

接著說：「沒想到這就是一生了。」

那便是我聽過最動聽的情話。

我好像漸漸覺得，我有這般幸運的可能了。

10 我養妳

窮的只剩下理想的男人，
說得最動聽的話不是我愛妳，
是我養妳。
但是，願意養跟養得起還是有差別的。

和女朋友約會，某人跑來蹭一頓飯。吃完飯聊過天後，他要接著去應酬客戶不陪我們，離開前自動把帳先結了，包含酒錢。此舉讓朋友很是開心，誇我嫁了一個大方的男人。

「妳知道嗎？上次有同事下班約我吃飯，男的。結束後竟然跟我 AA？有沒有搞錯啊？他約我耶。」翻了個白眼順便喝了一口馬丁尼。

「所以妳覺得男生約妳吃飯就必須請客？是這意思嗎？」我問。

「不是嗎？男人約女人吃飯不該有義務請客嗎？」朋友驚訝地說，她可能覺得我也是這種想法，沒想到我竟然不是。

「那是『男人』約『女人』吃飯，妳有要給妳同事把嗎？」我笑了。

「誰要給他把啊？我對他沒意思，他對我也沒有那個意思。」

「這就對了呀，妳對他或他對妳都沒有往男女之情的方向去吃這頓飯，AA 超正常的好嗎？」

「況且他主動提出 AA 就更沒有懸念了，普通朋友無誤。」我補了一句。

「那他幹嘛約我？」朋友問。

「就妳剛好有空唄！」我說。

既然起了這個頭，我們也就順勢聊了下去。不管妳是文藝小清新，還是霸氣女高管，不管妳收入多少，家庭背景如何，是不是女權至上，約會時男人願意請客買單都是女人期待發生的事。這無關乎價值觀，無關乎教養，倒是長久以來男人與女人之間難解的感情糾結以及尊嚴問題。

你以為只有中國社會才會有這樣的情結，其實西方社會也不少。而且越往戀愛方向走去，「男人買單」所代表的含意就越多元。從大氣，大方，體貼，有紳士風範，到值得託付終身。每買一次單，女人就會覺得是男人多愛了她一些。許多人以為這跟錢有關，卻恰恰沒那麼有關。

女人總喜歡繞開錢的部分去談戀愛，真正遇到錢的問題依然用愛來解讀。即便現代女性多半能自己賺錢甚至比有些男人賺得還多，「男人買單」這個讓女人感覺「被愛」的舉動，還是沒有走出內心思維，或許還一代傳了一代。

所以總能聽見一些耳語是關於約會時男人究竟要不要讓女人付錢的種種討論。排除那些故意白吃白喝的投機分子，絕大多數的女人還是以此為由來判斷男人的優劣，而知道這個遊戲規則的男人能不給足自己面子嗎？除非他真的對妳一點兒意思也沒有，以及他實在是太窮了。不是不想付，而是不夠付。付得了一次，付不了千千萬萬次。

忽然，想起一位朋友跟我說過的，關於男人與錢的故事。

她升上經理時很開心地找男友吃飯打算慶祝，對方說他請客，餐廳由她來決定。她毫不猶豫說出一個人均消費需要五千以上的高檔餐廳的名字，結果男友回她：「沒想到妳是這樣的人。」

這句話什麼意思？朋友一時沒想明白，就問：「什麼？我是什麼樣的人？」

男友說：「聽到我請客，就大敲竹槓的人。」

朋友不敢相信自己男友口中竟然說出這樣的話，腦子「轟」的一聲巨響將她的理智線炸斷，但她依然用最後殘存的力氣說：「如果太貴，不然你來選吧。」

結果對方說：「妳覺得我請不起？」

不是啊，大哥，你要我選餐廳，我選了，你說我敲你竹槓；那我不選餐廳了，給你選，你說我瞧你不起？我都沒說被你這樣一弄，連慶祝的心情都沒有了呢，還硬生生成罪人了？

無法替妳買單的男人，即使愛著，也有點無力。不能繞著錢打轉，卻真實得為錢所苦。不能撇開尊嚴，卻處處彰顯了自卑。妳進他退，妳退，他也覺得深深受到傷害了。

「後來為了兩個人的關係可以不用被錢打擾，我一直小心照顧他的面子。買新衣服啊、化妝品、包包、鞋子什麼的，只要他問起價錢，我就會虛報一個很便宜的數字。高檔餐廳、下午茶就跟姊妹去，不然就說刷我的信用卡有特別折扣之類的，自己把錢付掉。但終究還是無法解除他的心魔，每次吵架幾乎都是關於我花錢這件事。最後，他跟我提分手了。」

「他跟妳提的分手？」我以為會是朋友受不了跟男友提分手呢。

「是啊，他說我給他的壓力太大了。」

《喜劇之王》裡，尹天仇和柳飄飄度過一夜後來到次日清晨。柳飄飄起床替尹天仇蓋了蓋被子，便起身到窗邊坐會兒。早就醒來的尹天仇走到門邊看著無比美麗的柳飄飄，內心一陣竊喜，卻打了電話詢價。詢完價，把自己所有的財產悄悄放在柳飄飄的外套上，繼續裝睡。柳飄飄回房見到百感交集，換好衣服拿走錢，道一句「謝謝老闆」便轉身離開了。結束裝睡，尹天仇還是忍不住在柳飄飄離開後追了出去，但看到柳飄飄的背影時，又停住了。最後，才在柳飄飄回頭看了他兩眼的情況下，終於朝著她大喊：

「去哪裡啊？」
「回家。」
「然後呢？」
「上班。」
「不上班行不行？」
「不上班你養我啊？」

尹天仇無奈地笑了笑，退了回去，任柳飄飄消失在視線。最後依然鼓足勇氣再次追上。

「又怎麼啦？」柳飄飄回頭問，順勢點起了菸。

「**我養你啊！**」尹天仇慎重地說。

海風把柳飄飄的長髮吹得滿天飛舞，也把尹天仇穿著老舊襯衫的瘦弱身板吹得寂涼。柳飄飄定了幾秒終究笑著說：「**你先照顧好自己吧，傻瓜。**」

看過電影的都知道，鏡頭一轉，柳飄飄隨後在計程車上哭得不能自已。方才的毫不在乎轉眼變成撕心裂肺的痛哭。

於是，我們終於知道，跨越這道思維需要的不是勇氣，是彼此的尊嚴。

凱 特 謎 之 音

——

複雜的永遠是人，不是錢。

Chapter

3

職場____
C a r e e r

態度決定你的 __ 高度，
想獨立就必須 __ 努力。
唯有把自己交給工作，
才擁有 _____ 扭轉命運的資格。

01

菜鳥

所有人都一樣，
剛進入公司時誰不是慌張茫然、不知所措，
卻又急著證明自己。

「妳什麼時候會突然覺得自己老了？」朋友問我。

「可能是每三個月過後發現需要染一次頭髮來遮蓋白髮的時候吧。」我說。

「每次公司面試新人，或收到剛來公司不久便遞交辭職信的人時，我就會發現自己老了。」

「為什麼啊？」我問。

「我也問過自己『為什麼』這個問題。平常都覺得自己四十幾歲還在加班熬夜、去活動現場盯場很有幹勁，充滿活力，但這種自我感覺良好往往在看面試履歷時破功。那些大頭照旁邊標註的出生年月日，每一個數字都在提醒我即將見面的人有多麼年輕，而我起碼大他們二十歲以上。」

「這倒是……挺直接的。但收到辭職信為什麼也會呢？」我問。

「可能是感慨他們怎麼這麼不耐操吧？例如上週我才剛剛批准一封離職書，簽名時隨口問對方為何離職？他說來公司半年，處理的都是一些表單歸納、複印文件、收發 e-mail、寄送邀請函等等雜務。覺得自己無法發揮所長，而且和當初想像的行銷企劃工作完全不一樣。聽完，我想到自己剛進公司的時候，然後

發現原來已經在這行超過二十年了。妳說，老不老？」

「嗯，確實有老的感覺。」我們無奈對視，各自乾掉手中的酒，重新請吧台再來兩杯一模一樣的。

「我記得那孩子是名校畢業的，我也是。所以當他說自己都在做一些雜務時，我覺得這些話好熟悉，因為當新人時我也曾經對別人抱怨過。有一次影印機卡紙了，我問一位前輩要怎麼聯絡維修人員來處理，他回答：『你最好先自己打開紙匣看看』，說的時候連頭都沒抬起來看我一眼，真是太冷漠了。那時離會議還有兩小時，我必須趕緊把資料都印出來裝訂。硬著頭皮，我打開紙匣，發現有一張紙卡在裡面，抽出來後，影印機就恢復了。我鬆了一口氣。」

「從那一次之後我好像就開竅了，原來我的腦袋也有一張紙卡在那裡。表單歸納、複印文件、收發 e-mail、寄送邀請函確實是很基本的雜務，但如果這就是我現在在負責的工作，也只能把這些事情做到別人無法挑剔。我很想告訴那個孩子，我第一次被主管點名進入小組負責活動時，他的理由就是：『妳的表單文件是我看過做得最好的，字體、大小、顏色、排版都很舒服。』」

「那妳為什麼沒有說？也許就鼓勵了一位後輩啊。」我問。

朋友搖搖頭，一副我不懂其中奧妙的表情：「妳覺得說了他們就會懂嗎？不僅不會，還覺得妳倚老賣老很討厭。我也是後來才明白為什麼我的主管什麼都不教我，前輩們也不會主動幫忙，因為沒有必要啊，他們也在看妳如何處理這些連妳自己都瞧不上眼的『雜務』。覺得很簡單對不對？有本事妳就把它們都做好啊，別一副剛進來就準備幹大事的模樣，因為搞不好連最基本的小事你都做得差強人意。後來我問了一下那孩子的部門主管，果不其然，他就搞錯過邀請函的寄送地址，還曾經把活動時間中午十二點打成 AM。」

菜鳥是需要磨練的。

只有通過耐心和毅力磨練過的菜鳥，才能在職場上生存下來。這跟你當初從哪個名校畢業完全沒有關係，但如果眼高手低瞧不起基礎工作，等待在未來的可能就是永遠高不成低不就。

對職場新人來說忍耐是非常困難的，能夠明白所有的困惑、不安、不滿、委屈……最終其實都指向是自己能力不足的人，實在是少數。因為我們往往覺得自己沒有那麼差，而現實如此不公，我幹嘛要忍耐？衝動之下遞出一紙辭職信，是很常發生的事。

「妳說啊，人唸書唸到二十幾歲畢業，工作之前應該多少也受過一點挫折了吧？比如說，考不上心中的第一志願、知道暗戀

的人並不喜歡你、為了一點小事跟好朋友吵架從此形同陌路⋯⋯等等。當時覺得好痛苦，好無助，但真正進入社會，走到職場之後，才發現那些哪能叫做挫折啊！現實社會最大、最辛酸的挫折就是⋯⋯它永遠和你想像的不一樣。」朋友說。

是啊，我們總以為開始工作之後就能掌握自己的人生，卻一次又一次迷失在這個與自己想像完全不一樣的世界。

你以為它是趨向公平的，實際上是偏袒利益的；你以為它是過程導向的，實際上卻是更看重結果的；你以為自己是自由的，實際上父母的要求、普世的價值觀就能束縛住你；你以為自己很有原則，實際上你連自己的底線在那兒都不知道。

畢業後，我北上找的工作與自己念的專業完全無關，但繪圖卻是我從學生時代就開始琢磨的技能，因此我樂觀地相信自己能做設計。履歷被很多公司打槍，想當職場菜鳥都不得其門而入。就在我幾乎要放棄時，得到一個百貨美工工讀生的應徵機會，想著正職做不成，工讀生也試試吧，一門心思只想進入這個領域，便不在乎職位的高低了。

哪怕是應徵工讀生，大企業也是不馬虎的。除了要現場繪製海報，還有簡單的面試。面試人員看著履歷問我：「工讀生的錢很少妳知道吧？妳都畢業了怎麼還來應徵？」

我也沒多想，只老實回答：「因為真的很喜歡設計，如果只能做工讀生，也好過連面試的機會都沒有吧？」

三天後我接獲通知，打電話來的是當日面試我的人，他跟我說：「現在有個正職缺，妳願不願意來，薪水只有兩萬五喔。下週一開始上班。」

我按奈住狂喜，假裝冷靜地回答：「可以的，謝謝你。」電話掛了之後，我哭了，覺得一切的迷惘與質疑瞬間有了答案。

那時還沒有手機，為了不錯過通知電話，自面試之後我就足不出戶。後來才知道，面試我的人是當天臨時替代人事課、來自美工設計部門的課長。她和我一樣，都是非本科畢業生。

「如果妳覺得她是因為在我身上看到自己當年的影子，所以升我為正職那就錯了。」我說。

「難道不是嗎？」朋友搖晃著手中的酒杯問我。

「起初我也以為是這樣，情感投射嘛，可她卻說如果不是我真的畫得比當天面試的人都好，就算背景再神似，也無法因此錄取我。」

但我依舊寫了一年的海報（其實就是同時做了工讀生的工作），寫完才能去協助製作大型裝置，當跑腿。兩年過後，終於正式接到一個獨立製作的專案。這期間，公司部門全面轉型成電腦繪圖，我每晚都留下來在公司加班自學。

那真是一段寂寞又孤獨的日子啊，沒錢買電腦，只好蹭公司的電腦用，每天回到家都十一、十二點了。

有幾次演講，我概略地提到這段過往，畢竟很多人好奇我究竟是如何走到今天的。可是就像朋友感慨的一樣，「說了年輕人就會懂嗎？」不會，他們可能還覺得妳在倚老賣老。

不過現實就是如此啊，菜鳥沒什麼真本事，唯一拿得出手的，除了努力，沒有別的了。這是一個老套的故事，正在經歷時，你期望有人可以指點你什麼，但沒有。多年以後，別人盼著你指點時，你卻早就失去當菜鳥的心境，世故的彷彿從來未曾體會過。

凱 特 謎 之 音

只有自己能終結自己的菜鳥命運，
尊敬工作，
真誠而努力。

02
好
——
員工

職場，從成為一名好員工開始。

投入職場之後，每個人至少會有三、四十
年以上的人生都在工作中度過。工作帶給
人的成就感不單單是賺到錢，而是同時幫
助實現自我，創造生活價值。

在流行創業的年代，越來越少年輕人肯好
好從底層開始當一名員工，但人生之路道
阻且長，以長遠的眼光來看，根基打穩
了，未來的路才能走得開闊。

二十年的工作經歷不長不短，心得是寫給
自己的回顧，也許也能讓你參考看看。

做你喜歡的工作，
比做別人眼中的好工作重要

畢業後，我北上求職得到的第一份工作是
「百貨公司寫賣場 POP 的工讀生」（我
本身念企業管理）。

這要追溯到學生時代的興趣：美術。畫圖是我很拿手的才藝，但家中經濟不允許我念美術相關學校。於是我把這個興趣毫無極限地在課餘擴展下去，並靠自學一頭栽入商業設計領域。畢業後放棄穩定的銀行工作，到台北尋求設計類工作機會。因為一心想要進入設計領域，最後連工讀生都去應徵。

筆試後，我被面試的課長直接應徵進入正職。在我投了將近五十封履歷，幾乎就要放棄的時候，靠著一個寫賣場 POP 工讀生的應徵機會，終於讓人看見。

如果工作之於你不是只圖一份溫飽的薪水，那麼做自己有興趣的事應該擺在找工作的第一順位。將興趣與工作結合，做出熱情與成就，是職場生涯中最幸福的一件事。不要怕把興趣當職業會毀了興趣，如果是，只證明那不是你的興趣，是美麗的誤會。

只能做眼前的工作時，不管事情多小，把它做好而不是敷衍它

我在轉做造型時，接過畫尾牙妝的案子。一個人只收費用五百元。畫的都是素人，我負責的是一位五十歲的媽媽。我仔細且認真地把她當做模特兒一樣做造型，完成後她滿意地留下我的手機號碼，說日後肯定給我介紹客戶。後來，我第一個成功接到的新娘秘書就是她推薦的。

一開始的工作起點肯定是不高的,絕大多數的人因為起點不高,就有想敷衍這份工作的心情。當你以為你敷衍的不過就是一件小事時,其實只證明了,你連小事都做不好。

職場不需要私人生活與情緒

在電視台工作時發生過當時交往的男友為了情感問題衝到公司找我,並當眾對我破口大罵的事件。許多同事親眼目睹,消息也很快傳到部門主管的耳朵。事情解決後,我回到座位繼續完成工作,彷彿前一分鐘沒有發生過任何事。

那天,我按照時間給了主管需要的設計案,並準時下班。隔年,主管給我漲了薪水,她私下找我談這件事的時候說,「那麼大的私人事件都沒有影響妳的工作效率,我確實能給妳加薪。」

許多人,尤其女生,會把私人生活裡的情緒放進職場。同事看見妳就知道妳有事,而且還影響到妳手上工作進行的進度。表面上體諒妳、安慰妳,但實際上看在主管眼裡,這形同不懂情緒管理。

職場只講求工作效率與結果,不是讓妳撒嬌的地方。

不跟同事一起抱怨公司

午休時間我很少跟同事一起吃飯。不是沒有，是很少。為什麼很少，因為我不喜歡聚在一起就是八卦別人或抱怨公司。這樣的聚餐充滿負能量，午休時間這麼寶貴，幹嘛浪費在這種事情上面。正因為不一起抱怨，所以他們不怕我去打小報告；也正因為不一起八卦，所以我不屬於任何小圈圈，可以保持一個相對公正的角色。（當然，跟同事成為朋友這件事就只能靠緣分了）

抱怨公司的人通常屬於離不開這裡，又沒有能力找到更好工作的人。至於我有沒有抱怨過？廢話當然有，但絕對不是跟他們說。

躲開責任，等於躲開真正的升遷之路

越艱難的工作，需要肩負越大的責任。領同樣的一份薪水，很多人覺得自己何必去承擔責任風險更大的項目？安安穩穩的不是很好嗎？

除非你不想升遷，不想要更高的薪水。否則，嘗試責任風險更大的項目是你唯一可以短時間晉級的方式。因為唯有如此，你的能力才會被看見。也唯有如此，你才能真正學到東西。在一個正常運作的公司過著如公務員般的生活，那你還不如真的去做公家頭路。

不靠承擔責任與風險證明能力，只能靠人事角力，而靠人事角力攀到的位置，據我的觀察，人走茶涼，失業的你除了一身逢迎拍馬摸魚的能力，什麼真本事也沒有。沒有真本事，隨著年紀越大就越害怕中年失業，空有資歷但不代表實力。

這一點寫給女生：用女性的形象做人，用男性的邏輯思考

職場上也是講求外表的，那是第一眼印象。尤其是女性，就算妳相貌平凡，講究一下打扮，凸顯自身的優點，也能加強印象分數。我一直很堅持做好這個部分，所以無論如何，亮麗的出現在大眾面前是我身為女性對自己的要求。

無論從事什麼工作，請維持一定的野心。野心在男性的世界中一直很重要，因為男性相較於女性對於權力的慾望與需求更大。而在追求權力的過程，基本上就會開始權謀與策劃，開始權謀與策劃，就不得不保持一顆冷靜理智的心。

我一直認為偉大的靈魂是雌雄同體的。當一個男性同時具備女性的細膩時，那他也是個不可小覷的狠角色。

許多女人把「我也要做到男人能做到的」誤解成：他喝一手我就喝兩手；他上酒店搞定合約，那我談生意也去風月場所展現一把氣度；他跟人攀交情從一根菸開始，那我是不是要學會打

高爾夫？

如果妳這樣想，只證明妳太淺。男性有男性世界自己的語言，相反的女性也有，只有女人才可以做到的事情很多，試著把它們找出來，然後運用在工作上。（不是指靠身體喔！）

給你的上司選擇題，而不是問答題

老闆請你來是要你幫公司解決問題的，所以你基本上要有把問題簡化的能力。例如，我以前提案，從來不會問主管他要什麼。我會直接給他三至四個我對這個主題的理解方向，讓他選擇他覺得不錯的。就算沒有選到，起碼這次的提案中，他會告訴你鎖定哪個方向去。如此，就不會讓主管覺得你完全沒有思考過，只是被動等待他下達命令，也不會來回浪費大家的時間。

主動與被動之間的差別就在於此。你想要掌握一件事的走向，你就必須先主動提出一個希望進行的方向。自己想都不想就跑去問主管「想要什麼」的人，表面上看起來像是尊重上級，實際上是把問題丟給對方。

試問，那公司還請你來幹嘛？這樣的人永遠會是公司第一個想開除的人。

永遠比你的上司對你提出要求前，猜到或做到他想要的

來北京工作後我學會了一句話：「眼裡要有活兒。」意思就是說，在你的職責範圍中，你隨時要眼觀八方，洞察人心也觀察環境，然後做出比你的主管更早一步要求的動作。

以前在幕後，只要藝人在舞台上、在攝影機前，我一定會目不轉睛地看著他以及所有工作人員。在藝人還沒開口時，我就必須從觀察中準確地猜到他可能需要什麼或哪裡出了問題。直接走過去跟工作人員打聲招呼，上前解決藝人的需求。

除了專業，這是一種信任的建立。當你的上司信任你，交到你手上的任務就會越來越重要，而你的地位自然也就越來越無法取代。

我有一位朋友，是總經理副秘書。當公司開大會時，只有主秘書能進去陪同開會，而她負責端茶水。她會利用端茶水的時候，觀察會議的進度，聽聽會議上的要求，如果聽到接下來可能會負責的事務，回到座位第一時間就開始做簡報。

這份簡報也許不是最完善的，卻是最即時的，當主秘書把工作交代下來時，她馬上就能遞出第一手資料並請教她哪裡還需要更改。

不久後她便被推薦到另外一個部門總經理身邊，當主秘書了。

嫉妒比你強的同事，把他當做目標

每個公司都有特別出類拔萃的人才，與這種人共事，會激起人性中強烈的嫉妒心，而嫉妒心就是讓你進步最具體的動機。

一個能力好的人存在於公司最大的作用就是激起大家的鬥志，這也是公司為何要有獎勵制度的原因。不要覺得嫉妒這種情緒很卑劣，只要你還能嫉妒某人，都表示你內心存有想進步、想超越的慾望。

所謂上進就是不輕易淡泊名利

在職場上不爭不鬥雲淡風輕？你是來做功德的跑錯地方了吧？好的工作、好的職位、好的薪水都吸引人往上爬，所謂上進，就是要承認：「對！你大爺／老娘我就是想出人頭地。」我人生中進步最強的瞬間，就是看到同齡人在信義區買房子，而我還在住頂樓加蓋。

有些人面對公司的獎勵制度或者升遷資格會無所謂的表示：「喔，我沒有要爭這些。」表現的一副清高淡然的模樣。你那麼文藝，那麼有情懷，那麼像隻小白兔，幹嘛誤闖豺狼虎豹野

獸區？

只有得不到的人，才會說自己不想要。

一名好的員工，他的戰鬥力可以大過請二十個一般人。當公司
有這樣的員工時，老闆將是最害怕他走的那個人。

而成為一個超屌的員工之後，別的公司想挖你，老闆都想把你
變成自己人。

凱 特 謎 之 音

當你漸漸明白且掌握遊戲規則之後，就會開始不再抱怨。
這個世界之所以勢利，是因為它會把好處留給願意付出努力的人。
無法決定出身，就要用本事翻身。

03

誤區

這個世界上，
能夠決定你的價值的，
只有你自己。

我的後台經常會出現職場問題，大多來自新鮮人與工作三至五年經驗的白領。他們大多覺得自己付出的與得到的薪資不成比例，以及懷疑目前的工作或公司是不是值得付出、該不該轉換跑道或跳槽。

我會根據自己的觀察或經驗回答這些問題，但問題多了之後，我決定請教身邊一些創業成功或位居高位的朋友，聽聽他們的意見與感受。

當年，大家同樣都是職場小白，為何後來有些人可以位階高你三倍，也領到高你薪水三倍的錢？為何有些人可以創業成功？如果當初大家的能力都差不多，是什麼時候開始出現差距的？

不得不說，有成功經驗的人得出的結論都差不多，看法亦趨近雷同。以下，我幫大家整理出三點，在進入職場初期時，最容

易產生的「誤區」，也許能幫助你更好的規劃自己的職業生涯，解決目前的困擾。

誤區 1 ＿ 一開始就期待選定最喜歡的工作

大部分的人畢業後做的第一份工作與大學專業其實並無正相關。投出的履歷不外乎以下三種考量：一、比較有把握應徵上的；二、想做的工作；三、想進的公司。二十年工作經驗的觀察告訴我，十年後還留在當初位置上的人，幾乎很少。換句話說，一開始就設定某種職業為一生的志向，根本是天方夜譚。

工作前三年對所有人來說都是一個「釐清選擇」的過程。透過第一份工作，你可以思考真正適合自己的工作型態與職業別，找出感興趣的工作，然後好好去追求與付出。

畢竟，每個人無論如何都要在職場待上超過三十年的時間，搞清楚自己適合做什麼，比一開始是不是就能做到喜歡的工作更重要。

許多人會糾結在「一開始我就要選擇一個最適合的」，卻忘記執行的過程中會有很多因素改變自己的初衷，甚或是一開始的初衷其實並不適合你，只是你不了解。

至於為何是三年？如同戀愛三年你會開始想想兩人未來發展一樣，工作三年，只要有心提升自己的人都會知道要不要做出改變。

也許有人需要工作五、六年才能釐清自己真正想要的，倘若這樣，那麼就得承擔轉業時需要付出的成本，即過去那些經驗並不能完全幫助你，而且會直接反應在薪資上，很有可能跟你工作兩年的薪資差不多，甚至更少。

但這就是轉行的代價（成本），以長遠的眼光來看，寧可發生在最前面幾年，也不要發生在工作十年之後，你說是不是？

誤區 2 __ 會犯錯是因為我是新來的

初入職場每個人都會犯錯，甚至很多人資歷擺在那兒，依然偶爾會出錯。一開始老闆可能會體諒你經驗不足予以寬容，但為何有些人會從此不再犯錯，而你卻老是犯下低級錯誤呢？原因就在於「自我驅動力」。

從事造型工作時我用過很多個助理，分為大助、小助。大助基本上是從小助升上來的，幾年後，大助便可以從我這裡獨立出去接案子。這三個階段的薪水，幾乎是以雙倍的跨度在晉級。

有些小助，做事情認真且得力，教過一次的事，基本上就能舉

一反三，甚少犯錯。有些小助，需要反覆教才能學會，別說舉一反三了，交代給他的工作完成後，他就覺得沒有事情需要他了。而且工作還做的不是特別精細。

能升上大助的人都有一個特質，就是主動，而且跟我一樣關心結果是否完美；但小助時期就被我開除的人，僅僅只是完成我交待給他的工作，做完後並不關心結果如何，而且還會有「我有做啊，又不是沒做」的想法。但看在老闆眼中，完成只是最基礎的，但完成到何種程度叫做趨近完美，則不相同。因為不關心結果，所以自我驅動力為零的人，出錯機率還特、別、高。

千萬不要因為自己是新來的就覺得犯錯在所難免。因為有些錯誤是不管你是不是新人，錯一次便足以斷送你未來在這間公司的職業前景，畢竟你已經在老闆心中留下了「這個人做事不可靠」的印象了啊。

想避免犯錯，就是不要有「事情完成了就好，反正多做薪水也不會增加」的心態。

誤區 3 __ 老闆給多少錢，我就做多少事

「多一事不如少一事」、「反正你只給我這樣的薪水，就別期望我做更多事」、「想要多做事？可以啊，先加薪吧。」以上，

應該是很多人在職場上的想法。

這個想法錯了嗎？其實沒有錯，因為在老闆眼中你的能力價值多少，就是直接反應在薪水上。

之所以說這些想法是個誤區，並不是指對或錯，而是它同時也證明了一件事——你的薪水等同於你的價值。所以，如果你覺得自己的薪水很低，代表你的能力就只值這些錢。

此外，抱著老闆先給我加薪我才要付出的心態，其結果就是老闆永遠都不會給你加薪，甚至還會開除你。這個想法不成熟的癥結點在於你高估自己的能力，而低估天底下所有的老闆都是商人。

如果薪資具體反應在你能做多少事，只有增加自己的能力才能增加價值。想升職加薪，去思考「如何把事情做得更好」其實更實際，同時也想想這間公司、職務是不是自己喜歡的，那麼工作才有意思。

不要害怕能力被壓制，受著不平等待遇。除非你遇到一個笨主管或笨老闆，那麼定義薪資的最終還是市場機制，不要忘記，你可以跳槽。這個廣大的就業市場中一定有符合你能力的合理薪水與環境。前提是，你要有這個價值。

我經常在私信中告訴那些正在為情困擾的女孩們，把多一點的專注力放在工作上吧，因為只有工作會把你的付出最終轉為合理的回報，但愛情不是，愛情只能不計較付出。

倒不是說女人最終只能依靠工作，經濟獨立有多麼高於愛情本身，而是每個想要活出自我的人，都要透過工作以及愛情找到自己。雖然兩者如此不同，但有一個道理至少是相通的，那就是，這個世界上，能夠決定你的價值的，只有你自己。

凱特謎之音

———

依照我們努力的程度，都還談不上天賦。

所以，盡可能謙虛一點吧。

04

擁抱——改變

安全感最不安全，唯一不變的是改變。

你一定聽過這句話：「世界上唯一不變的事，是改變。」沒有人會反駁這句話，都覺得是真理，但事實上，很少人會打從心底喜歡「改變」這件事，別說喜歡了，甚至有點恐懼。

尤其是情感上與工作上的變化，都讓人惶恐至極。

改變這件事，意味著要我們重新選擇，甚至重新來過，長久以來建立起的安全感，一下子就不再是舒適圈。

安全感的確是女人的婦科病，放在工作上也是一樣。對很多女生而言，穩定的工作就是好工作，每個月固定有錢匯進戶頭，升遷制度完善，福利也好，就能感覺踏實。但以現代世界的變化趨勢來看，產業快速更迭，原本需要二、三十年才能看出變化的環境，現在不出十年就會重新洗牌。所以女生平常不要只看星座分析，偶爾讀讀商業周刊，了解世界正在進行的事，才不會被社會拋棄。

面對這樣的狀況，幾乎可以說已經不存在那種穩定升遷、待到退休的「好工作」。就連一向被很多人視為香

餷餷的外國企業，也都紛紛改制。

因此，想在一個公司好好地待到退休，對未來還需要工作二、三十年的你來說，很玄啊。

這一、兩年，每次跟朋友聊到產業趨勢，大家都紛紛喊著辛苦、難做。不過當中也有些人在困境中逆勢翻盤，問他怎麼做到的？他說：「即使違背了初衷，需要做出改變的時候，也必須馬上去做，不能猶豫太久，一旦猶豫，機會就沒了。」

因為是自行創業，所以賠的都是自己的辛苦錢，人不免會比較積極些。但如果只是一名員工呢？你如何做到或意識到需要改變這件事？說說我的故事吧，或許可以讓你有些靈感。

我的第一份工作是全國知名百貨業的美術設計，二十年前進入這個產業時，百貨業的前景十分璀璨，撥給櫥窗設計等周邊的美術工程款，都是很高的。

那時我們能天馬行空地做出很多創意，利用大型的展示裝置去妝點節日的氛圍，尤其是聖誕節、春節這種大日子，每年都會被總部要求「今年要不一樣的喔」的全新設計。對創意者來說，沒有比能盡情放手去設計更有成就感的事了。

我在這間公司待了三年多,最後負責的是全國店面的春節主視覺設計,這個項目一做完,等於把所有能接觸到的大型設計案都經手過了,開心之餘,也不由得轉身去看自己未來五年在公司的發展前景,思考著如何突破。

這是一間管理方式偏向日企的公司,所有高層的位置都很固定,年資起跳沒有十年,也有八年。升遷制度穩固,但保守。我的小主管職稱是組長,十九歲進來公司當美工,跟我同年,也就是當時二十五歲。花了六年時間,才卡進了組長的位置。她上面有一個課長,課長上面是襄理。而課長是面試我進來的主管,她待超過十年,已婚,育有一子。

弔詭的是,美術設計部門的男生竟然大大少於女生,也就是說男生在這個部門是稀有動物,而高層全是女的。

忽然間我明白一件事,不是這個部門不招男生,而是男生很難在這裡待超過三年以上。因為即使用最快的速度出頭,也不過就是資深設計。上面的位子卡死,又都是女主管,穩定度極高,要等他們改朝換代,不如先改變自己。

於是,我做出了與他們一樣的決定:跳槽。當然,我預見不了之後十五年網路購物興起、百貨業績重創、設計部門縮編的未來,只是憑藉當時的狀況去思考自己的位置,以及我想嘗試其

他不同領域的設計工作。

我跳槽到了台灣當時前景最好的有線電視台做資深視覺設計。嗯，沒有錯，那時候有線電視也是風風火火的榮光時刻。這期間我負責過金馬獎、金鐘獎、金曲獎三金典禮的主視覺設計，為自己的履歷劃上一筆又一筆的功勳。

後來，我又陸續跳槽到其他電視台，也去過雜誌社，跳槽一次我的薪水就上翻一頁。那時，共事過的同事，有能力者都離開公司自行創立工作室了，看著他們紛紛獨立出去，我又再次陷入思考。

跳槽順利讓我肯定「我是有能力的人」。不過，那時我面臨一個比要不要在體制內升遷更加困擾的事──究竟，我還熱愛這個工作嗎？

那年我二十九歲，在三十歲即將來臨的時刻，思考現在和未來是大家都會做的事吧。

二十九歲那年發生很多事，迄今回想起來彷彿南柯一夢。但這些事也許就是驅使我做出改變的原因。一個月內家裡辦了兩場喪禮，奶奶與情同父子的叔叔相繼過世；論及婚嫁的男友買了房與車，準備與我步入人生下一個階段。母親覺得是時候穩定

生活了,「男友、工作都不錯,不是嗎?」

可是我卻覺得很累,很迷惘。我不確定繼續做這個工作然後結婚,是不是我想要的生活。於是,我趁什麼選擇都不明朗的時候,重新學習了一個新的技能:化妝造型(選擇進入的門檻是新娘秘書課程),企圖幫自己創造另外一種價值。

隔年我與男友分手了,辭去工作用積蓄成立自己的化妝造型工作室,但還沒有任何一個案子進來。

三十歲,情感、工作全部歸零重新開始,勇氣不是一般大。

轉職後,我曾經有一段時間完全沒有收入,只能靠存款與零星做做以前的設計案勉強度日。與其被動等案子進來,我用僅存的錢自己設計了一個造型網站,並在許多新人匯集的網頁付費打廣告,才終於有了第一筆成交的案子。

但新人畢竟有限,新秘市場競爭也很激烈。排除能接案的週末,一星期我有五個工作天還是空著的。

我向曾經待過的雜誌社毛遂自薦,沒錢沒關係,讓我從簡單的拍攝開始,只要工作人員列表上有我的名字就可以了。就這樣僅靠五百元、一千元的單次收入,持續累積經驗。

任何行業都有所謂的「鄙視鏈」，進入化妝造型領域之後我也多少感受到階級意識，而我就是處於最低的那個級別。彼時，網路拍賣興起，大量啟用模特兒，也開始需要造型師，他們獲得資訊的管道來自雜誌上的工作人員列表，但雜誌化妝師很少願意去接網拍造型的工作，因為鄙視鏈。

我之所以願意去做是因為發現自己購物習慣的改變，意識到網購將是未來的主流，於是接到網拍賣家打來的工作邀約時，二話不說就答應了。

〇六、〇七年，我靠網拍造型賺入了人生第一桶金，真正靠自己轉業成功。隔年，我結婚後定居北京，工作從頂峰又再次歸零重啟。人生啊，真是不斷有著變化呢。

事到如今，我自是無法想像如果當初就這麼走入婚姻會是什麼情況，留在電視台又會是什麼結果等著自己。我只知道，對二十九、三十歲的自己而言，只要想改變，就一定有辦法扭轉命運，而且奮鬥的過程讓我更加清楚──原來我還很年輕，怎麼能就此遁入家庭？

英國作家、詩人狄倫‧湯瑪斯（Dylan Thomas）在其詩篇〈不要踏入靜謐的良夜〉（Do Not Go Gentle into That Good Night）中這樣寫著：

不要踏入靜謐的良夜，
暮年也應在黃昏中燃燒。
反抗吧，在這將逝的時光裡反抗吧。
智者臨終前深知黑夜到來，
他們的智言將不能再照亮岔路，
不要踏入靜謐的良夜。

想藉走入家庭逃避職場的女人，或許該想想是否就這樣輕易地
踏入靜謐的良夜，因為等待妳的，也許是更加黑暗的未來也說
不定。因為，安全感最不安全。

只有擁抱改變，才能創造自己真正的價值。

凱 特 謎 之 音

當所有人都害怕改變而你不怕的時候，
你才是那個掌握命運的人。

05

一
天
—
48
小
時

拖延症不是絕症，
是慢性病，
不妥善處理最終還是有可能致死。

如今，凡是涉及網站與社交媒體平台操作的行業，幾乎都需要仰賴新媒體運營。從企業、品牌、網紅、KOL 到政治人物，「小編」是一個重要的角色。就我所知，第一線的小編與平台後期的小編們，幾乎每天都有忙不完的事情。不誇張，真的是忙不完，因為大大小小的訊息資料都需仰賴她們回覆、刊登、更新、編輯，如此週而復始，然後還要被抓去開會、企劃與執行產出自製內容。

能在新媒體工作一陣子，人的戰鬥力會被無限開發出來。但也因為這個職業付出很多又過於幕後，選擇下崗的人亦如過江之鯽，流動率非常高。

因應網路時代而出現的新職業別，真的非這群小編莫屬。他們的工作無法單一被定義，需要專業素養，還要負責插科打諢，絕對不是輕鬆的活兒。

再來，他們要跟上社交媒體每一次的更新與演算法改寫，做出漂亮的數字給客戶。雖說這個東西有系統可以幫助，但細節評估依然需要人力。

所以新媒體運營幾乎同時搞死跟不上時代的老屁股，以及一群又一群的新鮮人。前者還比較能堅持，因為怕中年失業（可學習力大多很低），但後者就難說了。即便他們擁有年輕的優勢，知道怎麼玩轉社交平台上的戲碼，可一旦變成幾乎二十四小時待命的工作之後，也會失去熱忱，埋怨工作。

再來，編輯這些大大小小的訊息資料（包含平面與動態影片）也會讓人陷入一種質疑。對閱覽數字、按讚數字產生敏感、依賴與厭惡的情緒，以及時效太短，成就感最長也就一天，而且無法預期與複製。

很多讀者會在後台問我關於新媒體操作與運營的問題，他們有些還沒進入這個領域，有些已經開始。通常做的還是相對基礎的小編工作，但已經覺得工作量太大，無法負荷。最重要的是「幾乎沒有個人生活」。

「我感覺一天二十四小時已經不夠用了，就算犧牲睡眠，也要四十八小時才夠啊。」有人說。

「為什麼妳總是讓人覺得妳似乎比我們多了二十四小時呢？還可以兼顧私人生活外加寫文章，喔，對了，回覆留言還特別即時，到底是怎麼辦到的啊？」

如果你覺得「時間管理」對現在的工作而言很重要，那麼在新媒體運營中，它只會更重要。拖延一下的後果就是前面的排程還沒消化，後面已經排山倒海而來了。

時間管理並非無法學習，就算你不自律，只要有邏輯並養成習慣，它會成為輔佐你職業生涯很棒的工具，一生受用。

說明這個邏輯之前，我們先來談談「拖延症」。懶散真的是人性中很普遍的劣根性，有些人美其名叫做「隨心所欲」，但毀掉一個人最好的方式通常也是「隨心所欲」。就我不專業的歸納，百分之九十以上，你所佩服的那種成功成就的人，他們的成功都不會是因為隨心所欲而來的，而是用對方法、持久堅持而來的。

來，讓我舉個例子，或許這就是你懶散的寫照。

主管讓 KK 負責一個企劃案，給他一週的時間，需要製作三十至四十頁的 PPT。

| 週一 |

準時上班。例會開完後，主管告訴他「客戶已經將企劃案需要的資料與建議事項寄過來」，請他參考一下。他回到座位馬上打開信箱查閱，卻被彈出來的對話視窗吸引過去，原來群組裡有人剛從西班牙回來，要約時間聚餐，順便分送小禮物。七嘴八舌討論吃什麼，去哪一家餐廳，KK打開自己平常收集的美食口袋名單也順便丟了幾個上去。結果一陣討論後，中午了，同事喊他去吃飯。吃完飯回來臨時被主管叫去「陪我去客戶那兒，下週的活動現場需要勘驗一下」，結果，應酬結束後，一天就這樣過了。

| 週二 |

一樣準時上班。昨天客戶的信件還沒有看，於是打開來研究。看完後沒有什麼頭緒，想到公司之前有類似的案子，於是決定去資料室翻翻看尋找靈感。查閱了公司自創立以來接過的所有案子，耗了一整天，主管經過時還誇獎他「好認真啊，不錯不錯」，但這一天直到下班前，他連標題都沒有想出來。晚上還有約會，就先這樣吧。

| 週三 |

依然準時上班。一整個早上他都在構思如何想出一個漂亮的標題，但卻一個都不滿意。手頭上還有其他工作，那麼就先擱著吧，反正還有時間。忙著處理其他工作之後，下班前他的企劃

案進度依然是零。

|週四|

睡過頭了，無法準時打卡，就臨時請了半天假。中午進公司後，被主管叫進辦公室問「上週交代給你的企劃案寫得如何了？」他把前三天做得一些資料收集報告給主管知道，主管聽了給他建議幾個方向。忽然間靈感乍現，他回到座位本想一鼓作氣馬上花幾個小時寫完，結果此時對話視窗彈出「今晚聚會的餐廳 KK 你訂好了嗎？六點半喔！」完了，KK 完全忘記這件事，於是看了一下之前的對話找到大家滿意的那間餐廳，跑去洗手間打電話。餐廳客滿，於是又重回群組討論了，好不容易搞定之後，他回到座位一看，離下班時間只剩下一小時了，而剛剛的靈感怎麼找都找不回來，只好決定下班先去聚餐，回家加班寫寫看。

|週五|

準時上班（昨晚因為聚餐結束太晚，所以沒有在家加班，他決定早上來公司做）。開始寫了之後才發現不太順利，內心剛想著還需要再多三、四個小時才能完成時，主管過來說「我約好客戶下午三點來公司開會，你企劃案兩點前要給我」。KK 一慌張，趕緊東拼西湊，只求把企劃案趕緊弄完，完全顧不得內容到底好不好了。

時間管理的邏輯並非把一天二十四小時做切割，幾點該幹嘛、幾點不該幹嘛地去計畫。時間是固定的，但用它的人可以利用思維來讓它變靈活。所謂思維就是「管理工作的方法與管理自我的方法」的總和，治療拖延症不能按表操課，這麼做只會讓你更背離管理，更討厭工作而已。

以解決 KK 窘境做例子，把時間管理的邏輯套用上去，也許就會明白我在說什麼了。

1 __ 把我「還有」多少時間，改成我「剩下」多少時間，來安排工作順序

KK 的例子告訴我們，一開始知道企劃案有一週五天的時間來規劃時，他一定覺得綽綽有餘，但他忽略的是，這個企劃案並非他手中唯一的工作。所以當有新工作安排下來時，該做的一定是重新把手頭上所有工作安排好優先順序。當你給工作設一個 deadline 後，內心自然會以這個時間點做標準，而不是「我還有一週的時間」這種模糊的提示。這麼做還有一個好處，就是如果發生什麼突發狀況，你至少有時間彌補（將風險考量進去）。

2 __ 在某一段時間集中處理私人雜事

要把一天工作時間中處理私人事務的部分完全切割是不太可能的，但這些事又經常讓我們分心。可以把這些事放到休息時間再去處理，尤其對話訊息大多都是不急於一時回覆的，如果著急，對方會直接打電話。久而久之，你的朋友家人也會養成只在某個時間傳訊息給你，等於間接培養了彼此的聯絡習慣。

3 __ 計畫被打亂時，就馬上重新安排順序，不要等「之後再來」

突發狀態無法避免，一旦發生就趕快思考有哪些工作會因此而順延，把它們安插進一個可能實行的時間點上，而且務必回頭馬上完成。

4 __ 找出工作效率最好的時刻

了解自己在上班一天當中狀態最好的時間，用這個時間來處理最需要靜下心來的工作，增加工作效率。

5 __ 進度落後時，適時加班追回進度

跟一個前輩聊天的時候，她說了一個理論讓我覺得很有趣，

她說：「能讓一桌菜都熱呼呼上桌的人，通常是很好的時間管理者」。想一想，真的是這樣。有經驗的人會知道需要慢燉的菜一定要先做，趁著燉的時間，用來處理其他食材、備料，然後依照需要的烹調工具依次處理菜品，例如蒸煮的東西只要備好，放入電鍋一鍵按下，你就又能去處理其他事情了。而最後一道肯定是快炒時蔬，因為它所需的時間最短。

運籌帷幄都是從安排先後順序慢慢累積起來的經驗，時間管理的邏輯說穿了其實不難，給人感覺游刃有餘的人不是因為他真的一天有四十八小時，而是他充分了解自己的能力，靈活運用時間，並把意外風險考慮進去，讓自己有合適的退路。

況且，仔細想想，一整天中真正忙得不可開交、雞飛狗跳的機會有多少？一天三個小時？一週可能三天不到，一個月下來也就十二天吧。其實真的非常少，不是嗎？

如果想接受更高難度的挑戰，歡迎你隨時進入新媒體運營領域，我通常睡前三分鐘還在回覆留言呢，沒辦法，如果不回，明天就又會增加了。而且，就算留言，我也會分能快速回覆的，以及需要想一想的。將需要時間思考的標記下來，然後利用坐車這種零碎的時間，在手機記事本中打好回覆。

我沒有超人的體力也沒有過人的天賦，我只是願意用處理事情的方式一步步修改，並健全自己管理時間的邏輯。

凱 特 謎 之 音

拖延症的治癒率很高，
加油！

06
像經營品牌一樣經營自己

如果「我」是一個品牌，
身為品牌 CEO 的你會怎麼去經營？

三十歲離開公司獨立門戶後，我成為一名化妝造型師，十年後轉作時尚觀點自媒體人、KOL、撰稿人、作家。兩年前，我簽約一家經紀公司，才從此告別「個人經營」。

十幾年的個人經營，經歷許多挑戰與試煉，我一步一步摸索與嘗試，修改與實驗，才把自己個人的價值打磨到獲得市場的認同。回首過往，真的得感謝自己曾經這麼堅持。

隨著網紅經濟發展日趨成熟，每一位網紅除了可以看做自媒體之外，也能視為一個個人品牌或一間個人公司。與同行聊起，

他們大多對此稱呼為「像經營品牌一樣經營自己」。想想也不是沒有道理，建立一間公司、操作品牌形象、進而營利，其實就是網紅在做的營生。

讀者問過我：「好多討論職場的書都告訴大家要提昇自己的競爭力與不可取代性，但具體要怎麼做呢？是去學習第二專長嗎？」

第一次看到這個問題時，我覺得這位讀者好誠實啊。很多人把提昇競爭力與不可取代性說得頭頭是道，卻從來沒談到可以從哪個方向下手。甚至，很多人已經開始在做了，卻不知道這就叫做提昇競爭力與不可取代性。

我腦海中浮現與同行的對話，便回覆他：「把自己想成一間名為『我』的公司，然後著手經營自己，這個過程產出的價值就是提昇競爭力與不可取代性。簡單來說就是用品牌 CEO 的思維來幫助自己。」

一間公司通常需要什麼？需要一些資金、人力，通過市場定位來產生價值，進而營利。一個人也需要時間、能力，通過職業屬性來產生價值（營利）。一間公司可能因操作不當導致破產關閉，一個人也會因為做不好工作被職場淘汰。

如果把自己視作一間名為「我」的品牌公司，而自己就是「我」的最高決策者，你該如何執行才能使「我」的價值不斷提昇呢？

這是獨立門戶之後，我一直在思考與進行的方式，現在將這些經驗歸納起來，希望能幫助大家建立起自己在職場上的競爭力與不可取代性。

1 ＿ 名為「我」的品牌公司，目標是什麼？

每個人都有夢想，比如有些人的夢想是實現財務自由，有些人是待在業界最屌的公司做高層。身為 CEO 一定會先搞清楚公司的夢想（目標）是什麼？將這些目標細分為：長期、中期、短期來逐步進行。

聽不太懂？那我說明白一點，帶入個人經營的話，你也要搞清楚你的夢想是什麼？「你的夢想」就是所謂長期的目標，而中期目標可以是「年度計畫」，短期目標則是「每月達標指數」。

剛成為化妝造型師時，雖然連一個案子都還沒有，我依然大膽幫自己設定長遠的夢想為「成為藝人造型師」。短期目標是打破零案源處境，年度計畫是開發兩種以上不同屬性的客戶。

如此一來，我就知道自己該往哪方面去進行，而不會惶惶終日。所以，你一旦有了「夢想（長期目標）」、「年度計畫」、「每月達標指數」的規劃之後，起碼就走在一條相對正確的路上了。

2 __ 計算投入與產出是否成正比

CEO 需要透過財務報表來分析公司的經營，年度的、季度的、每月的，看投入的成本（人力、財力、物力）都產出了哪些東西。

經營自己也一樣，你投入的時間與金錢有沒有真正轉為個人價值（也就是個人競爭力），甚至你要去評估這個價值是多少時間以後才會出現的，如果評估過後產出的價值很低，就要即刻止損。

我曾經因為跟風報名了幾堂用噴槍化妝的課，時間、學費、材料所費不貲，一年後卻發現真正用到的機會非常非常少，甚至可以說用不到。因為我的客戶還是喜歡傳統的上妝方式，而噴槍是化特殊妝用的，我也幾乎沒有接過化特殊妝的案子。最後，我決定把那些工具上網拍賣掉，至少挽回一點殘餘的價值。

不過投入與產出有時並非這麼即時，它偶爾需要時間的沉澱才能看出價值。例如學習一門外語，等到你能侃侃而談像說母語一般，通常需要一段時間，雖說這對增加自己的競爭力絕對是一種價值，但總是需要某個派上用場的時機才能看見成果。因此，也需要判斷這些投入是否屬於韜光養晦，準備在未來厚積薄發好好展現的。

3 __ 思考未來的出路，嘗試執行

出書並決定成為時尚部落客（自媒體）之後，我想過未來五年內自己可能的發展，市場無法真正準確被預期，但綜合個人優勢，我應該想辦法讓自己的優點更加突出，做出市場區隔才對。如果你將自己也視為一個品牌，你的形象與定位都將影響未來的出路。

有了這個方向，我便開始佈局，寫文的角度日趨多元，從時尚、女性跨越到影評、人物賞析等等。

所以，嘗試想想三年後、五年後你與同事（同行）之間最有可能因為什麼而產生差距？你具備什麼能力可以提前為拉開差距而佈局？不管是什麼，去執行看看就會知道如何修改了。

身為一間名為「我」的品牌公司的 CEO 並非不能犯錯，但忌諱你不承認錯誤，漠視警惕，進而重蹈覆轍。一次形象的重創往往會替一間公司帶來鉅額的損失，同樣的，在個人經營上也一樣。每個公司或主管對於錯誤的容忍度不同，重蹈覆轍等於透支信任感，會直接影響你未來的升遷。

也許，你從來沒想過把自己當做一間公司來經營，但培養起這樣的思維邏輯將有助於你規劃自己的人生目標。至少對於如何提昇自己的價值有更明確的方向，就差親身去執行了，不是嗎？

願我們每個人都是好品牌。

凱 特 謎 之 音

如果你不喜歡 CEO 的稱呼，
也能把自己想成這個總，那個董，
意思是一樣的。

07
做自己——不喜歡的事

廢掉一個人最好的方式就是讓他「只做自己喜歡的事」。

認真說起來,我一直都是朋友眼中那種「做著喜歡的事,又同時賺到錢」的人。不管是以前的設計工作、化妝造型師,還是現在的時尚觀點自媒體人(時尚 KOL),在他們眼中都是「爽缺」。

他們看我待過台灣數一數二的百貨公司、電視台、雜誌社;看我在北京因造型工作服務中港台三地的知名藝人,飛遍世界各地;如今,出席時尚活動曝光頻繁,還能與知名品牌合作,寫作、出書,完成人生夢想。我的每一次轉職都獲得了不錯的成績,更是他們欽羨的。

不知道該說什麼,面對這樣的羨慕,我總是很謙虛地說:「確實是比較幸運。」

關於喜歡的事或工作，讀者問的問題不外乎以下這幾個：
「剛畢業，不知道要找薪水多的工作還是自己喜歡的工作？」
「做著自己喜歡的工作但錢不多該轉行嗎？還是堅持下去？」
「雖然做著喜歡的工作，但壓力好大喔，原來熱情也是會被磨滅的。凱特都怎麼度過這種撞牆期呢？」
「父母反對我喜歡的工作，他們覺得沒有出路，要我選擇他們覺得好的工作，該怎麼辦？」

從以前到現在，我的選擇都是做自己喜歡的事。但我必須說，這個選擇不全然正確，如果你就是想要做薪水高但沒有那麼喜歡的工作也是可以的，畢竟工作之於人的意義不一樣。覺得抱著巨大熱情做喜歡的事，就比單純賺取報酬而工作的人高一等，這種想法是幼稚，也很無知。

人和工作的關係，特別是在工作模式越來越多元化的今天，到底應該是什麼呢？我不僅過去經常想，現在也經常想。作為一位成年人，想要活下去就必須工作，但工作跟人之間的意義又不僅僅是賺取薪水、讓你有錢去買東西而已。（可以單純這麼想，不過我們都清楚自己的內心很複雜）

成功的人和勵志書上總喜歡強調對工作要有「絕對的熱情」，但現在我反而覺得熱情只是一個非常基礎的必備條件，因為喜歡的事情一旦變成了工作，其狀態就會像戀愛多年的情侶那樣，

激情會慢慢褪去。

所以關鍵還是在當激情慢慢褪去後,你用什麼心情與狀態去面對喜歡的工作。

這三年除了時尚 KOL 之外,我一直在寫作。四十歲之後,我慢慢意識到要與當今的網紅文化做出區隔,就是要善用自己僅有的文字能力。所以我花了很多心思在這方面,但寫作卻是一件非常孤獨、精神上又特別累的事。

若你想讓別人讀著你的文字感到輕鬆有趣又有觀點,那自己就要付出多於它的不輕鬆。我相信很多嚴肅的撰稿人都體會過巨大的精神壓力,在鍵盤上來來回回地刪刪減減,或是坐了一個鐘頭,螢幕上還是空白一片的情況。

精彩的文字還有一個特別討厭的點就是「不能二次創作」。無論你完成了點閱率多麼高的文章,在網路上也只有一天的時間能稱王,很快就又會淹沒在其他的資訊當中。更好笑的是,明明知道嚐鮮期這麼短暫,你還得擁有持久創作出這種東西的能力,做一位文字耕耘的馬拉松選手。

有朋友跟我說:「其實妳賺錢可以更輕鬆的,妳為什麼不利用流量來賣衣服什麼的?好比業配,妳總想著寫出什麼觀點,但

也許品牌客戶根本不在乎,只需要將產品曝光就好。」

在朋友眼中我確實幹著吃力不討好的事,但人也是容易被成就感支配的,如果我能寫出讀者不排斥(甚至稱好)、客戶又極力欣賞的業配文,才證明我想走的路沒有錯,也才能讓我在熱情消退之際,用更積極的態度去面對喜歡的工作。

除了成就感,再來就是對工作的責任心。責任心三個字感覺很八股,但我實在想不到什麼詞比它更能代表它字面上所要傳達出來的意義。

成就感加上責任心的驅使,會讓人對工作做出不計代價的付出。

過去這段時間非常累的原因,可能是社交媒體上所需要的刺激面更廣了吧,因此配合這些「新玩法」,我要創作出有別以往的圖文,而不單純只是一篇文章。但正規的稿子還是有的,為了寫它們,我也要不停擴大自己的閱讀領域。

藝術、建築、電影、音樂、歷史、人物傳記⋯⋯哪個都不能馬虎,因為看文的人期待的是更多新鮮的知識。而閱讀和寫作本來就應該是觸類旁通的,是一個知識體系的展示和形成,並不是寫寫心情文就好。

所以，想要成為一位文字耕耘的馬拉松選手，擁有持久創作的能力，走捷徑是行不通的，非得要扎扎實實地下苦工才可以。

這也就是為何很多一開始用寫作博取眼球的人，最後慢慢的不再創作也無法一輩子寫下去的原因。這段過程那麼孤單又沒沒無聞，實在比不上出席活動或者拍照打卡輕易就獲取到的關注。

瞧，我這談的不都是為了要把自己喜歡的事當做工作，我都做了些什麼嗎？要寫出讓自己有成就感的作品，要擴大自己的閱讀面，要忍受沒沒無聞的孤單奮鬥期，要對喜歡的工作保有最大強度的責任心。

在喜歡的事面前，還有一個影響最大、最容易被忽略的，那就是「人的惰性」。一旦隨心所欲，惰性就會讓你迅速頹廢掉，然後變得平庸。

想想，所謂「做著自己喜歡的事，又同時賺到錢」實在是個幻想。哪一個把喜歡的事當作工作的人不是一邊做著喜歡的事，一邊又做著許多自己不喜歡的事呢？

應酬苦手的我，都還得要為了生計適應社交圈子，扮演檯面上下兩副臉孔的人。我喜歡嗎？我不喜歡。必須要做嗎？必須要做。

很多人因為喜歡的工作中有太多不喜歡的事必須做而覺得失望，覺得自己逐漸被消磨太多而走向一個與初心完全不同的路。於是選擇離開，覺得離開了就可以「只做」自己喜歡的事，找回初心。這樣的人不是社會經驗太少，就是一直在換工作中消耗自己。換到最後，喜歡的事全都變成不喜歡，而自己年紀大了依舊一事無成。

後來發現，只談自己喜歡的事的人，多半是心性不定的年輕人。有點成就的人，他們談的是如何解決問題。我們終究不可能單純以做著喜歡的事就抵達成功的彼岸，還是像毛姆說得那樣吧，「人啊，為了心靈的安寧，最好還是每天做兩件自己不喜歡的事吧。」

凱 特 謎 之 音

創業談夢想，工作談喜歡，基本都不靠譜。
喜歡和愛都是消耗品，像煙花一樣，易冷。

08
愛情——和名牌
不過就是順帶的東西

都來到大城市工作了，
你該不會只是想要愛情和名牌吧？

《慾望城市》教女性如何在愛情、友情裡
找到自我，並追求自己想要的生活，所以
在女性影集中一直擁有相當多的粉絲，經
典地位不可動搖。年復一年，許多女孩來
到大城市，想與她們的閨蜜、Mr.Big相遇，
卻發現當代女性僅僅懂得在愛情關係中找
到自我是不夠的，依然會被生活中挾帶的
惡意重傷，且不堪一擊。

讀者問：「凱特，我有不錯的男友，工作
也算穩定，但為何我還是覺得不滿足？到
底是哪裡出了問題？朋友說我想太多，但
我確定，我是對現況不滿，我想改變目前
的狀態。」

如果人的一生中，每個時期思索的問題沒
有因為年紀而變化，那表示可能過去都是
恍恍惚惚在過日子，未曾有過什麼大徹大
悟後的決心與改變。

時間很現實的，只留給能做出決定與改變的人一些與眾不同的饋贈。

這些恰恰是《慾望城市》裡避重就輕，未曾深入去探究的事情。當凱莉想買下自己住的那棟公寓時，她帳戶只有零頭。來到紐約十幾年，做著體面的工作，擁有滿櫃子的名牌鞋，卻沒有任何能力可以幫助自己脫困。如果不是朋友賣掉不該留著的婚戒鼎力相助，也許就要流落街頭了。

我們來到大城市追求什麼？愛情與名牌？拜託，當然是更好的工作機會與地位。

身為一位現代城市中的職場女性，很多人誤以為只要有一份養活自己的工作就算獨立自主了，至於這個工作的前景如何、能給自己的人生帶來什麼向上的改變，則如同《慾望城市》略過不去探討的部分那樣，被愛情和名牌遮蓋了。

為什麼呢？因為職場部分很現實很痛苦啊，而愛情和名牌卻很討巧。女性在職場奮鬥要面臨很多問題，不僅來自於自身，還有外在種種苛刻、不公平的現況，光是這些就能叫人放棄了。但這個世界還是懂得善待那些把用在談戀愛的力氣，同樣用在工作上的女人，讓她們透過不滿現況的野心，將自己的能力反覆打磨，換來更高的工作成就，實現自我。

而這段奮鬥的歷程中，愛情和名牌不過就是順便帶走的東西罷了，不構成失去後就無法完善自我的條件。

這個道理其實不難理解。長久以來，男性世界都是透過在職場奮鬥的經歷得到扭轉命運的可能，工作成就與地位為何是他們一生的追逐，也是因為他們深知這個東西的好處。而當我們（女性）生活在擁有與男性同等權利、一樣可以一起競爭工作機會的現今社會時，卻不好好把握並善用這個權利，簡直天理難容。很多女人一直以來心底都還是有個小小的聲音會偷偷告訴自己：「我其實可以靠男人得到一切，只要賦予這個關係叫做愛情即可。」

但那到底是「別人的東西」，離妳所謂的「自我」，怕不是一部《慾望城市》可以說得明白的。

上世紀六〇年代，美國開始有大量女性紛紛投入職場，但迎接她們的卻是充滿職場性騷擾的糟糕狀況，與女性雇員地位極低的狀態。男性的敵視與惡意囂張又明顯，甚至不加掩飾。在這樣惡劣的環境下，仍然有女人願意投身其中，藉由工作改變自己的出身、命運，享受工作為自己身分帶來的尊重與榮譽。

那時的職場女性對現在的職場女性來說，依然有可以借鑑的部分，不是因為當今的工作環境還像以前那樣糟糕，而是女性透過工作完成對自我全面性的了解與提昇，是比愛情或婚姻更有意義的事。

我們的父母還停留在希望妳藉由婚姻改變命運的固化思想中，好比六○年代的美國社會裡，女性最好的歸宿是「做一位住在郊區精緻洋房裡的家庭主婦」。她們當中很多人年紀輕輕便輟學嫁作人婦，那所謂的「上學」也不過就是給自己增加一點來自名校受過教育的附加價值，以便攀上一門更好的婚事。

但只負責貌美如花的代價其實往往付出更大。她們面對丈夫在婚姻裡的不忠，與圍繞在孩子、家務事裡無止盡的嘮嚷與繁瑣，只能退到完全沒有自己的狀態，慢性自殺。

《慾望城市》沒有告訴妳的事，其實我都在《廣告狂人》中補回來了。這部美劇是艾美獎最佳戲劇獎四連冠的唯一記錄保持者，值得每一位投身大城市的職場女性反覆品味與琢磨。硬道理不需長篇大論，藉由戲劇來反映真實世界，才讓人更懂得如何調整自己。但它不像《慾望城市》是一杯色彩繽紛的冰淇淋聖代，而是勁道醇厚卻又不失圓潤綿柔的威士忌。

《廣告狂人》整整七季，有一位長相好看、魅力四射的男主角。但細細剝開它的內核，卻發現這其實是一部「六○年代美國職場女性成長史」，是為長相、家世皆平凡，但願意投身殘酷職場，藉由工作改變命運的女孩量身訂做的女性職場劇。作為女性主角之一的 Peggy，就是這樣一名不起眼的女生。

一九六一至一九七一，十年間，美國 GDP 翻了一倍，電視機、影印機、計算機等科技大量湧現。Peggy 作為美國初代職業女性，在時代巨輪的轉動下，將註定是一位孤獨而艱難的拓荒者。她在職場備受牽制，私人情感也懵懵懂懂，加上先天學歷上的缺失讓她在職場中處於絕對弱勢，能從事的工作職業稀少，薪水更是低廉。

年輕、懵懂、無知，還受到職場性別歧視，即便放在現代，也會勸退許多女人。但如同我說的，這個世界還是懂得善待那些把用在談戀愛的力氣，同樣用在工作上的女人，讓她們透過不滿現況的野心，將自己的能力反覆打磨，換來更高的工作成就，實現自我。

Peggy 就這樣以自己的方式開始了自我成長之路，從屢遭男上司性騷擾的打雜小秘書，一路轉型成廣告文案，再升到 Creative Director。她不再同情因受到調戲而心生委屈、躲進洗手間哭泣的女秘書同事們，而是自己一個人為著喜歡的廣告創意工作加班至深夜。

真實的職場女性是複雜而多面的，絕對不是韓劇裡那種總有誰來拯救妳的劇情，或是設定幾位會說女權金句的女主女配就可以呼嚨過去。《廣告狂人》要是這麼浮於表面，就擔不起艾美獎最佳戲劇四連冠的美譽了。

裡面的職業女性角色都非常精彩，無論是鬥志一直高昂的
Peggy、看透唯有錢與權可以仰賴而獨立創業的 Joan、具有專業
才華的女性先鋒 Dr.Faye、切割與愛人利益相關的工作只為保有
自控權的 Megan，即使是作為對照組的家庭主婦 Betty，都有符
合她的女性意識覺醒。

但《廣告狂人》也如同我們奮鬥的過程一樣，充滿苦澀、苦悶
與沉重的步調，很多女生看了會容易棄劇，卻是世界無數職業
菁英一再反覆咀嚼的好劇。如果妳只是希望上上班，賺取一份
不滿意但尚可接受的薪水，安分度日然後結婚生子，可能永遠
也不懂我上述所說的種種心情，不懂親手改變自己命運、不再
成為附庸的底氣與尊嚴吧。

凱特謎之音

很早很早以前，我就已經喜歡威士忌，
不再吃冰淇淋聖代了。

09

社交——恐懼症

我們其實不是恐懼社交這件事，
而是恐懼做不好社交這件事的自己。

在規劃寫文方式時，我曾在職場部分把社交剔除。為什麼呢？
因為我認為自己非長袖善舞之人，沒有什麼好的經驗可以分享，
不如就不要寫吧。

後來跟一位擅長交際的朋友聊到這方面的困擾後，她說：「我
不覺得妳不擅長社交耶，妳太低估自己了。跟很多舌燦蓮花的
人比起來，妳的可靠、真誠、有風度在在都是社交必備的條件，
還有，妳持有的社交貨幣（外表、打扮、頭銜、專業）也很有
價值啊，若真的要說有什麼缺點，可能就是妳生性太害羞了，
不敢主動表達，深怕出錯，結果讓人誤以為妳很冷漠，說好聽
一點是高冷，說難聽一點就是給人不好接近的感覺。」

聽完這段話，我反倒覺得她怎麼這麼厲害，連我生性害羞這件
事都看得如此透徹？老實說，為了克服害羞，從初入社會到現
在我確實做了很多努力，但有時還是不免露出馬腳。

「社交能力的評判標準不能僅看一個人在公開場合如何滿場飛

得像是花蝴蝶，像妳這種互動之後給人任信感，接觸之後發現很有義氣的人，才是搶手貨好嗎？妳忘記我們怎麼好起來的？」

嗯，她這麼一說我倒是回想起來了。

那次我陪一個在商界頗有名氣的朋友去參加一個大型餐會。她的先生臨時不能陪她一起出席，但她跟主辦方訂了兩個人的座位，雖說是訂，其實這種商業交流的場合座位是要付費的，因為參與的人都頗有來頭，大家表面借吃吃喝喝交際，實際上都是在相互交流商業合作的可能，或結交對自己事業有幫助的人士。

「妳就陪我去吧，當作見見不一樣的世界也好。」於是我就去了，果然，是我完全不熟悉的世界，哈哈哈。

整個場合中我就見著大家很有目的性地交換名片啊，互加微信啊，恭維來恭維去的。所有人都不認識我，朋友便簡介一下，隨後發現我不是商界人士，有些人會禮貌性地聊些不著邊際的話，比如「造型師啊，難怪這麼會打扮」諸如此類的。後來朋友被一群人圍起來了，我就被晾在旁邊吃餐後甜點與品紅酒了。

之後，前文提起的那位擅長交際的朋友出現了，她當時從我朋友被圍起來的圈子裡，用眼角餘光瞄到了我，正好跟無聊的我四目對上，我只好點頭微笑，萬萬沒想到她竟然走過來在我旁

邊的座位一屁股坐下，說「妳好，我叫 XXX」然後舉起手上的酒杯暗示我一起碰個杯。相互介紹一番之後，她遞給我一張名片，我們互加微信，她拋下一句「保持聯繫喔」就起身離開去其他小圈圈了。

而成年人都知道那句「保持聯繫」其實是再客套不過的話。很多時候可能還表示「其實可以不用聯繫」，就像改天請你吃飯一樣，那頓飯永遠吃不到。

這點言外之意我還是有自知之明的，因此那晚所發生的事，也就沒怎麼放在心上了。

結果接近年底時，我收到她傳來的微信，問我還記不記得她，想請我幫忙一件事。原來是她邀請了一位重量級客戶來參加公司的年會，客戶是位中年婦女，她承諾替她打造一切，好風風光光走紅毯。

這對我來說是專業本行的事情，我看時間沒問題就答應她了，當然也談好了價錢。之後我跟她和那位客戶約好一起見面，了解需求，溝通妝髮，並丈量尺寸，我好尋找合適的衣服。前後試裝如果沒空親自去，就會請助理拍照跟我對照細節。活動當天我全程陪客戶上紅毯到晚宴結束，其實就是比照我和藝人合作時那般的待遇。

之後，我們真的私下吃上一頓飯，她請客，說要謝謝我。

「我原本以為妳會拿錢辦事，最多也就派個助理來執行這件案子就好，沒想到妳親自來還待到最後。我的客戶太滿意了，還直誇我呢！」

這次的合作建立起了我們的友誼與信任，她向公司推薦了我，拓展了幫內部人員上造型課的講座活動。我前前後後服務了好幾個公司，也算開拓了另外一個業務線。回想當初，真的一切都如此始料未及啊。

經過她這麼一提點，我好像剎那間明白所謂社交的意義了。以前我羨慕別人可以在任何場合跟第一次見面的人「自然熟」，殊不知，其實每個人都有自己的社交籌碼，在不違背本來性格的狀態下，找到最舒服、最適合自己的社交方式，其實比認識多少人、受不受歡迎重要。

很多時候，人與人之間的相處，多半是不鹹不淡的泛泛之交，我們對於這種連普通朋友都稱不上的人，為避免衝突與誤會，往往會釋出最大誠意上的相互遷就，這種情況在越是人多的社交場合中越能窺見。

許多人誤以為社交場合是一種人脈的建立，但如果自己本身不

具備實力或價值，再多的飯局或酒局，只是時間與金錢上的浪費。在真正看清社交場合意義的人眼中，他們尋求的人脈，本質上更多是價值的相互交換。

換句話說，你本身的實力稱得上有價值，對同樣有能力的人而言才算是有用的社交。否則就是一次又一次無聊的聚會，質量等級極低的社交罷了。

歸納一下我自己的社交原則，雖不是萬能，但至少對我來說是舒服的：

1 __ 不要過度迷信人脈，也不要過分利用人脈

為利用他人而建立起的社交圈是不長久也不牢靠的，道理不言自明，誰也不願被他人利用，對吧？所以原則只有一個，以誠待人。若你欣賞某個人，可以誠懇地接近對方，他如果也認同你的為人、專業與背景，在交往過程中任何有關的資源交換都會是水到渠成的。

要透過社交進一步把人脈變成自己的資源，真的無法急功近利，畢竟彼此都在觀察對方，然後才能藉由一個事件，來評估這個人是否可靠。

2 __ 展示你的價值

誰也不願意與一個對自己的發展沒有什麼幫助的人花費大量時間交往。所謂的「社交貨幣」指的也就是你的價值，可以是外表、氣質、專業、公司背景……等等。

3 __ 有親和力，讓人感到輕鬆

在社交場合與人四目對上時，切勿閃避目光，就算不認識，點頭微笑就可以了，然後可以看看對方的反應，決定要不要上前去交談兩句，就算是簡單的自我介紹也可以。

4 __ 真心提供幫助才能建立口碑

人各有所長，需要相互幫助，因此才有了社交圈的生成。對他人真心的幫助「不一定」會換來他人日後對你的回報，但有回報者，肯定就是我們能夠長久維繫的社交圈。反之，對那些利用你的人也不必太憤慨，社交圈是日久見人心，細水長流才有好處。

除了公開的場合，臉書或朋友圈，任何社交平台上每一次發的照片、文章，其實也都代表你這個人。尤其當你的臉友越來越多，私人與工作朋友相互交錯時，也需要把社交平台看成社交場合，

私人的、偏激的、負能量的發言都要謹慎與小心。不如多多利用照片來展現你的價值，但不要太過自大，也無須作假，畢竟你是否有自己照片中說得那樣好，私底下找人探聽就會知道了。

許多人都說自己有社交恐懼症，但就我觀察，真正有社交恐懼症的人其實根本不會出現在社交場合。既然出席了，又何必說自己不擅長呢？就算不擅長，你會出席也就表示需要建立或鞏固自己的人脈圈子。因此，我們其實不是恐懼社交這件事，而是恐懼做不好社交這件事的自己。

即使是現在的我，也依然恐懼做不好社交這件事，不過當我明白身邊的人對我的評價都是正面多於負面時，其實也間接證明我在他們心中是個靠譜的人。但我還是得要說，「社交，真的挺難的。」

凱特謎之音

不求做個八面玲瓏人，
但求無愧於心，成為可靠的人。

10

誰——也給不了
你想要的生活

有沒有想過，
你為何只值這些薪水？

當體會到工作帶來的各種附加價值之後，我開
始覺得「錢」是所有價值中最低的東西。

這句話說出來時，很多人不以為意。尤其是在
意起薪的社會新鮮人更是無法理解。沒關係，
我也是花了很長一段時間才真正感受到。而當
我這麼想之後，工作便不再只是工作，而是生
活中重要的一部分，成為我最走心的地方。工
作讓我的閱歷增加，讓我變成一個有趣又擁有
豐富面相的人，讓我結識很多優秀的夥伴並和
他們成為朋友，讓我對生活的要求從最基礎的
物質層面漸漸轉向充實自己的精神領域，讓我
走向世界各地，看到無數精彩的人文薈萃。

這些，都是錢買不到。

不知道你有沒有想過，在同樣的一間公司，做
同樣的一份工作，起薪同樣是22k，為何一年後，
有人可以開始擺脫 22k，甚至升職，有人卻面臨
被辭退的可能？

我有一個後輩，專業領域畢業後並沒有從事相關科系的工作，因為嫌棄起薪太低，不願去做。然後透過父母朋友的引薦，進入一家企業當行政。工作一週之後，主管就私下跟引薦人抱怨這個新人特別的遲鈍，如果沒有把工作細項一樣一樣交代，並告訴他今天必須完成哪些，那麼就不用期待他完成後會來跟你報告，甚至，他完成了也不會跟你報告。

客戶郵件重要的不重要的全都混在一起，當你要他調出最近簽了合約的客戶往來信件時，需要花一整個上午的時間才能找到那些資訊。任何不明白的地方，既不問前輩也不自己設法解決，拖到最後一刻才說自己不會，嚴重影響了團體進度。三個月後，我得知這個後輩離職了，而且還是他自己跑去跟主管說的，原因是他自知無法過試用期，與其讓別人辭退他，不如自己先說。（代表是我不願意待下去，不是被迫離開）

知道這件事的來龍去脈之後，我苦笑著，因為某些人情的壓力，這位後輩的父母找上我，當時聽說我正在徵助理，希望能給他機會。費了些勁兒我婉拒了他們的懇求，因為我知道這份助理工作涵蓋的範圍多又廣，需要各項能力都平均的狀態。而且，最重要的就是要能「舉一反三」。

是呀，哪一個老闆不希望請個機靈的員工？

一個普通員工與一個優秀員工差的不只是薪資數字，更多是自我價值的實現，這當中包含對工作的熱情、期待與學習慾望，我稱之為「自我驅動力」。這些特質從你找工作跟實際工作後就可以大致分辨出來。

求職階段

普通員工：看重的是薪水，在沒有經驗的狀況下，並沒有以自己能學習到專業技能為前提。

優秀員工：以能進入自己所期望的公司或做自己想做的工作為主，薪水為輔。期待能學習到更多專業，並累積經驗。

對待工作中發生的問題

普通員工：逃避或推卸責任。更多人是以抱怨來把問題推卸掉，並不想要花更多的力氣與時間找到解決問題的方法。

優秀員工：積極解決問題。所謂「積極」就是不逃避落在自己手上的燙手山芋。願意跟前輩或主管溝通協調，並花時間去執行嘗試。

很多事情之所以棘手，通常是能完成事情的要件太少。在缺乏資源的情況下，有人會抱怨無法完成，有人會想辦法在現有的條件下進行。

而真正能透過工作學習到經驗與成長的，往往就是在極度缺乏資源的條件下所完成的事。

| 做事邏輯 |

普通員工：電腦桌面通常雜亂無章，檔案歸納亂七八糟。這種狀態影響的是無法分辨工作核心，很多時候看起來很忙，其實是瞎忙。

優秀員工：一切井然有序。包含自己的辦公桌。

| 執行力 |

普通員工：能拖就不會做。

優秀員工：能做就不會拖，並且還能同時給出自己的想法。

以上四點，會漸漸透過工作影響一個人的性格，也開始改變一個人的視野。另外，下班後的生活，普通員工與優秀員工也是有著差別的。

胡適曾在一則贈給畢業生的文章中提到，「**一個人的閒暇時刻決定他的終身**」。

普通員工回到家，就是用看電視、打遊戲等等之類的休閒度過

整個晚上;而優秀員工則會在適度的休息後給自己進行檢討與進修。你怎麼利用非工作時間成為一個關鍵性的因素。幾年下來,當你累積這些閒暇時刻學習到的第二專長,就是你為自己爭取到職場上的不可替代性的開始。

我後來跟這個後輩解釋了為何不能雇用他的理由,他點頭說他明白。我問他,你將來想要過什麼樣的日子?對未來有期待嗎?說來聽聽。他說具體沒有什麼概念,一時半會兒也說不上來。我拍拍他的肩膀感嘆:「你不努力,任誰也給不了你想要的生活。你不能一輩子仰賴你的父母。」

也許,得過且過也能過一輩子。如果你真的決定要這麼做了,也就表示接受了現實對你的對待。

凱 特 謎 之 音

都說機會是留給準備好的人,
如果要別人推你一把才肯走一步,那跟待宰的豬有什麼差別?

Chapter

4

人生＿＿＿
Life

人生不存在一條「讓人羨慕」的路，
但永遠有一條「讓自己過得更好」的路。
能過上自己想要的生活，

就不算
白＿＿＿＿＿費。

01

選擇怎麼樣過生活，
決定你──成為什麼樣的人

很多事、很多物都是可以進行偽裝的，
唯有在生活的地方，
才反應出你是什麼樣的人。

過去十幾二十年裡，我一直流浪在外。從一個小城鎮，到一個大城市，再到一個更大的都會。住過隔間，住過頂樓加蓋，待過老公寓，待過城市精華區的小華廈。這些遷移，代表了我整個青春年代，從一個一無所有的青年，到一個能掌握選擇與生活的中年人。

你問我，喜歡自己現在的生活嗎？答案當然是喜歡。但這兩個字不單單指字面上的意思，那些被上述空間所切割過的青春，拼湊出來的情緒包含熱愛、感激、失落、挫敗、留戀或厭倦等等難以言喻的心情。「喜歡」兩個字更多是結合這些心情之後，告訴自己，我終於成為自己想要成為的那種人。

這段不算短的歲月中，我也因此結識了同樣對生活具有想法的人。

朋友 B 是一個充滿波西米亞情懷的文藝青年，同時是個吃貨。所以在她家裡，大書櫃與餐桌基本上就是整個生活的樣貌。即便她搬過三次家，每一間房子的格局完全不同，但只要大書櫃與餐桌到位，屬於她個人的生活風格便油然而生，快速地在新的地方瀰漫開來。每次去她家聚餐，總有各式各樣她不知從那兒淘來的餐具，或別出心裁，或造型獨特，或花樣別緻。擺在長長的木頭餐桌上，襯著透明的玻璃酒杯，甚是好看。我也喜歡流連在她的書櫃前，翻閱一些我還沒有看過聽過的書以及唱

片。她住的地方跟她的人一樣，自由、隨意、混搭。

她說：「房子雖然是租來的，但生活不是。妳總要過成妳想要的樣子。」葡萄酒讓滿臉通紅的她說起這樣的一段話時，顯得特別懂人生。於是，我就信了。

A 在出國前，裝修好自己買來的小公寓。她原本在公司不遠的地方租了一套房，還把我變成了她的鄰居。在我搬家期間給予了各種支援，包含當我選擇困難症發作時，適時決定該要的家具顏色與形式。她是一個同時具有浪漫情懷與冷酷理智的天秤座，藝術科班出身，懷抱高強度的審美，搭配終身外貌協會會長的頭銜，不夠美的東西，除了無法入她的眼，也無法進她家的門。她做過最奇葩最能代表她個人在我心中對美的執著的事是：租房的天花板不知怎麼的突然卸下了一塊，如果要整修，她必須暫時搬離一週。結果這位小姐就架了扶梯，頭抬了一整晚，在那個缺口畫上了一個正在飛翔的天使。像你在羅浮宮或者凡爾賽宮天頂上會看見的壁畫一樣美麗。

就是這樣對美堅持的性格，讓你在 A 的小公寓裡總是看見漂亮的東西。而她也樂於到處收集這些漂亮的東西，把他們擺在屋子裡最合適的位置，陪伴她。別人的鞋櫃可能是隨處可見的制式組合櫃，到她那兒，就是充滿二手古樸風味的中國斗櫃。精緻的銅製拉環，門板上是漆畫剪紙般造型的蝴蝶。連她養的小

烏龜，都住在一個陶瓷彩盆裡，裡頭放置了大大小小圓潤飽滿的鵝卵石。

走進一個人的家，反應的是這個人生活的樣貌。完全有脈絡可依循，無法偽裝。生活確實不太容易，有太多的現實逼的我們去妥協或將就，但將就久了，生活也就開始將就你的將就，變得垂頭喪氣。

我的朋友 A 和 B，不管住在租來的房子或者買來的公寓裡，都把自己對於生活的憧憬帶進屋子，也反射出自身的追求。你可以暫時沒有一位理想伴侶，但不能沒有屬於自己的一方天地。就算發張自拍照在臉書動態，秀的都不僅僅是你的臉，還包含你生活的方式。照片中的背景，就是你怎麼過生活的關鍵。

目前，在北京與台北，我都各有一個落腳處。北京是與某人的住家，台北是工作室兼回台住所。這兩個地方不但反應了我的生活軌跡，更讓我不管身在何處，都能認認真真、踏踏實實過日子。透過日復一日循環生活的步調，完整自己想要的人生。

在北京，我從熱鬧市區搬到位於偏郊的房子，稍稍遠離了車水馬龍。小區植栽遍布，透過它們可以看遍北方一年四季的景致。春天有桃花、櫻花、木蘭依次盛開，初夏有薔薇，盛夏有一眼看不完的綠和鳥叫蟲鳴。秋天是我最喜歡的季節，走到樓下就

能看見黃澄澄的銀杏。冬天很長，下雪的景致自是百看不膩，可沒有葉子的枯枝交錯而成的天空，也另有一番蕭瑟美感。

我在家中的陽台也養了綠植，透過照顧它們給自己一個平靜身心的小宇宙。兩把造型不同的單椅配上大理石小圓桌，寫稿時想休息片刻，那裡便是最好的選擇。

屋子目前的格局三房兩廳，讓我可以獨立擁有衣帽間與化妝間，人生至此，也算一步步邁向自己理想生活的樣貌。

當你以為日子可能不會更美好的時候，是放棄對它的追求，還是願意在當中一點一滴的累積對它的熱情？不管現在是一個人還是兩個人，生活的品質都是不能被辜負的。在微不足道的平淡裡找到浪漫，在柴米油鹽中摸索出情趣與美感，生活總能按照你要的方式進行下去。千萬不要等以後有了自己的房子再來創造，現在、當下，你就可以慢慢練習。

活出自己的理想狀態要從住的地方開始。

生活可以被顛覆，但不能被辜負。

因為它是如此誠實，你怎麼對它，它便怎麼對你。

02

世界那麼大，我想去——看看

身為女人，
妳更應該志在四方。

跟一位當了父親的朋友聊天，他剛迎來生命中第一個孩子，是女兒。他跟我說：「想給我女兒看我曾經看過的世界，但如果她長大了，希望她能走出去，看自己想看的世界。」

「你難道不怕她發生危險？」感覺我問了個蠢問題。

「唯有看過自己想看的風景，做過自己想做的事情，才會明白最後能為什麼樣的人事物留下，也才心甘情願。就是因為是個女孩所以才更要讓她看得更多，體會更深更廣才對。否則就這麼等時間到了嫁人生孩子？如果是妳，妳願意嗎？」他反問我。

對啊，我不願意。而且我很早就知道，我不願意。

從前的人說，男兒要志在四方，我卻跟那位當了父親的朋友一樣，認為女生更需要開拓眼界。「四方」除了指理想的廣大，還包含了冒險、闖關、經歷失敗、忍受孤獨、享受成就……等等。利用工作、利用旅行，嘗試給自己脫離現狀的刺激。如此，才能慢慢蛻變成不拘泥在小事上並具備真正禁得起人生起伏的瀟灑性格。在經歷這些過程中，也會透過解決問題清楚地了解自己，明白自己內心真正的需求。

還記得我們小時候看了很多關於愛與冒險的卡通故事嗎？主角因為種種原因主動或被動離開自己成長的地方到外面接受挑戰。一路上，他們體驗到了失敗、痛苦、絕望，但最後卻都成為比自己想像中更堅強有自信的人，不僅收穫了志同道合的朋友，也因此確定自身的存在價值。但事實是，當我們看完這些卡通電影，愛與冒險似乎也像手中空了的爆米花盒一樣，轉身就扔進垃圾桶了。長大之後，面對改變、面對現實環境的逼迫，我們依然只會逃。

從小在屏東市這個小城鎮長大，我覺得自己就像許多故事中的小鎮姑娘，總是渴望長大後可以走出去看看小鎮之外的世界。台北很容易成為小鎮姑娘的第一個選擇，因為它代表最繁華的地方，可以看到最新穎的一切。

十年之後，當自己把這個城市摸熟了，也開始有了向外伸展觸角的野心。台北已經不能滿足我，所以我又再次出走了。

來到北京，我真正過起了四處飛行的日子。輾轉在中國大大小小的城市之間，這個月在日本、韓國，下個月飛巴黎、倫敦、米蘭、巴塞隆納、哥本哈根。見過各式各樣盛大的場面，與所處行業內的菁英們一起工作，我的眼界「啪」的一聲全打開，塞進滿眼的五花八門，光怪陸離。

那是截至目前為止的人生中最開心的一段日子，也是壓力與焦慮感最嚴重的一段日子。我第一次感覺到自己必須像一塊巨大的海綿，把湧過來的水迅速吸收，然後用最快的速度擰乾，才能夠再一次應付向自己奔來的滾滾洪流。

如果你讀過西蒙・波娃的《第二性》，應該對下面的描述很有感觸：

「男人的極大幸運在於，他不論在成年還是在小時候，必須踏上一條極為艱苦的道路，不過這又是一條最可靠的道路；女人的不幸則在於被幾乎不可抗拒的誘惑包圍著，每一種事物都在誘使她走容易走的道路，她不是被要求奮發向上，走自己的路，而是聽說只要滑下去，就可以到達極樂的天堂。當她發覺自己被海市蜃樓愚弄時，已經為時太晚，她的力量在失敗的冒險中已被耗盡。

男人早就懂得，想要快活，就要靠自己。而女人，上天賜予她們的美好禮物其實早就暗中標好了價格。」

我從來沒有聽過長輩們對家中的女孩說過：「長大後妳應該出去看看。」他們只會對妳說：「嫁個好丈夫、生個孩子最幸福。」不被要求在事業工作上有一番作為，連打理家務事都是在替未來的妻子、母親角色做準備。

如此一來，女人很容易認定愛情是人生中最需要付出的事情，連男人都覺得給女人最大的承諾就是婚姻。但愛情像煙花一樣易冷，婚姻其實無法保障妳一輩子無虞。

「妳其實可以不用這麼辛苦。」總有人會這麼勸女人。這句話是誘惑，是與魔鬼交易。我聽過無數次有人這麼跟我說，包括我的婆婆。因為他們都認為創業成功的某人是老闆，我理所當然就是老闆娘。我可以大言不慚地享受丈夫事業成就帶來的財富與安穩，不需要因為自己的工作在外奔波，和丈夫聚少離多。

「她不是被要求奮發向上，走自己的路，而是聽說只要滑下去，就可以到達極樂的天堂。」女人的一生，會反覆在這些聽起來充滿美好的誘惑中徘徊，動搖她的意志。

離開家鄉去海外工作，或者說，離開原本熟悉的環境，到一個

陌生的城市打拚與生活其實是很艱辛的。你沒有誰可以當後盾，你就是自己的後盾；不敢向遠在故鄉的父母訴苦，只會報喜不報憂。但有一點很重要：你見過一個比原來的城市更大的城市，你見過一個比原來的世界更大的世界，當你理解人與人之間存在巨大的差異，三觀其實可以如此不同之後，你反而會對身邊的人，對周圍的環境，對大大小小的瑣事，有著極大的寬容度。

屆時，你選擇跟什麼樣的人在一起或不在一起，要不要結婚，生不生孩子，都不會是因為社會的看法、長輩的脅迫、年齡的壓力。而是你想這麼做了、你願意這麼做了。

女人啊，趁年輕還是應該去外面看一看的，不管能否真正擁有那座城市，幹出一番大事業，哪怕最終回到了原地，也會因為眼界和見識讓你在潛移默化中變得不一樣。

四十歲之後，我重新調整了生活的步伐，將工作慢慢固定在某個城市進行。在家寫稿的時間多了，在外奔波的時候少了，因應心情與年紀上的轉變，養著兩隻貓，過著眼下最想要的那種生活。這樣的自在不是因為我年紀大了，而是那十幾二十年在外闖蕩的經驗，給了我歸於安定的底氣。

凱特謎之音

寧可在巨大城市中被無數挫折困擾，
也遠勝於早早落入生活的
陷阱與窠臼之中。

03

硃砂痣
——
與白月光

如果當初決定的是另一個選擇，
那麼現在的我，會不會不同？

朋友最近做了人生中一個挺重要的決定：結婚，然後定居上海
工作。

幾個一起玩的朋友約好了幫他餞行，平時酒量不好的他，多喝
了幾杯，漲紅的臉因為離別更顯哀傷。我們吃吃喝喝到店打烊
後，才依依不捨的散會。

步出店門口，大家決定一起徒步走到捷運站，邊走邊聊著餐桌
上未完結的話題。語氣中可以感覺他對即將改變的生活感到不
確定，像台北七月底籠罩著的暑氣，沉悶、浮躁、黏膩，令人
心煩意亂。

都不好意思細數他在這次聚會中嘆了幾次氣。末班車到站前，
我踢著腳看著踩在鞋底的黃色禁止線對他說：「這種心情十一
年前我也有過，別著急想你能得到什麼，想想你會失去什麼，
能不能承受得住？如果可以，那我祝福你。」

他向我揮揮手，在車門關閉的警鈴聲響起前，步入車廂。隨後，
末班車便轟隆呼嘯從眼前快速閃過，消失在隧道盡頭。即使看
過去的隧道口漆黑一片，我依然喜歡這種各自奔向他處的感覺。
未知，但充滿希望。

曾有人說過，人生就是各種選擇的總和。交什麼朋友、愛什麼
人、念什麼學校、選什麼科系、做什麼工作、要不要結婚、生

不生孩子……所有決定權看似握在自己手上，卻顯然沒那麼絕對。很多外來因素會左右我們的選擇，甚至干預我們的決定。尤其那些干預決定的人，沒打算負責我們的人生，卻覺得有權利參與。總是一廂情願認為我們不懂得規避風險，兩害相權，反取其重。

選擇就是風險投資，冒著失去另外一個選擇的好處，承擔下定決心的那個壞處。人生不會很長，但人生中會有很多機會面臨到要娶白玫瑰或愛紅玫瑰的選擇。它們誰也沒有比誰差，各有各的優缺點，你不能兩者都要，你只能選其中之一。意志堅定的人要了紅玫瑰之後，久了能把它變成心口的硃砂痣；摘下了白玫瑰放在漂亮的瓶裡，供成床前明月光那般的欣賞。意志不堅的人把他們變成蚊子血或飯黏子，總認為是當初的選擇錯誤，事實上卻有可能是你消耗掉這個選擇的好處之後，逃避去承擔它的壞處罷了。

十一年前，我也有過一次和他一樣的選擇題。該留在台灣繼續不錯的工作，還是結婚去北京重新開始？

後來與朋友聊起這段往事，他們都笑我是為愛走天涯。剛開始聽到這個說法是很反感的（我堂堂一個獨立自主的女人！）但平靜後想想，這是事實啊，幹嘛不承認呢？我之所以選擇與某人結婚定居北京，不就是因為在那個當下，他這個人和我在台

北所擁有的一切同等重要，而我只能選擇其中之一嗎？經過反覆糾結、考量、評估後，在愛情與事業中，我最終選擇了愛情。

這個決定的關鍵因素就是——比起事業生活從零開始，我更怕錯過某人。失去他後我可能很難再遇到如此契合的人，而工作我卻有信心打掉重練。於是，我選擇先穩定雙方的情感基礎，放棄在台北美好的工作與收入。

帶著兩大箱行李抵達北京時，我這樣想：「最壞也不過就是扛著這兩大箱回台北吧。」（我堂堂一個獨立自主的女人！）成就硃砂痣與白月光的，或許就是敢於承擔選擇的勇氣，以及認輸。

年輕時，大家都在為選擇猶豫，感覺左右逢源，機會很多 。到了三、四十歲，漸漸開始聽見一些後悔：如果當初接受他的追求，會不會就成了醫生娘？如果當初出國唸書，是不是薪水會比現在多兩倍？如果當初考了公職，是不是就不會每天累成了狗？如果當初辭職創業，搞不好是一間公司的老闆了？

人之所以喜歡問假設性問題，做假設性結論，是不是因為我們喜歡把不敢面對的事包裝成自我安慰？而真實情況可能是：你其實沒有那麼喜歡他，所以當初才選擇別人；你害怕陌生環境，害怕孤單，所以選擇留在舒適圈不敢出國；你覺得公務員沒挑戰性，所以投入民間企業打算大展身手；你覺得創業的風險太

大，所以選擇了留在公司等待升官；如果當初決定的是另外一個選擇，那麼現在的我，會不會不同？

答案是，不會。

每齣穿越劇告訴你的道理都是一樣的，如果改變的僅僅是「選擇」，那麼未來的那個你依然不會如想像中那樣不同。除非，你改變的是「自己」。否則，另一個選擇終究是另一抹蚊子血或飯黏子而已。人會在同樣的懊悔中，繼續安慰自己「當初我選擇另外一個就好了」。

不過也有一個浪漫的說法如此存在著：在量子力學的平行多宇宙解釋中，身處充滿交叉小徑的花園裡，總會有一條道路，讓我們在生命中的每一個節點都得到幸福。在那條完全幸福的道路上，一定有且僅有一個你在行走。

這是多麼令人寬慰啊，於是，在每一次刻骨銘心的選擇裡，總有一個我選對了路，總有一個我，終生幸福。

凱 特 謎 之 音

沒有一種命運是完美的，
我們僅能做的就是盡力去完美當下的選擇。

04

成名趁早？

人生是一次長跑，
在終點之前，
暫時的領先或落後都不算什麼。

社交平台的興起，改變了近年來人們對成功的定義。據說，現在很多年輕人的志願是當一名 Youtuber，做喜歡的事，同時把錢賺了，還能成為網紅，年紀輕輕就比畢業後去正常公司上班的同齡人有成就；長得好看一點的，分享穿搭、保養、美妝，去韓國批發搞連線賣衣服，不出幾年就能成立品牌開店當老闆。

這樣的成功模式吸引大批年輕人分食，一時間，堅持考取好學校念書、畢業後才找工作的人反而像個不知如何抓住時機的傻子。

當網紅致富之所以讓人趨之若鶩，無非是「成名趁早」太吸引人了。同樣的年紀，我苦哈哈地每天起早貪黑上班，還要給老闆釘，但誰誰誰卻一天到晚穿著華服坐頭等艙，飛這個國家、跑那個城市參加品牌活動，拿的是名牌包，用的是動輒上萬元的保養品，物質水平的差距讓人嫉妒羨慕恨。

讀者中，真的有畢業生來信問我「如何成為一名網紅」。她用的是「時尚 KOL」的稱呼，貌似比較好聽，實際上在普通人眼

中，網紅跟時尚 KOL 的定義沒區別，他們不會懂網紅圈的鄙視鏈，沒興趣知道時尚 KOL 始終覺得自己比其他網紅高級一點。

想必這位讀者是有研究的，所以才會指名要成為「時尚 KOL」，但也許只是她關注的人都如此稱呼自己，而她只是單純喜歡這個身分罷了。

但無論如何，這個問題都讓我陷入思考。究竟，光鮮亮麗的年輕時尚 KOL／網紅到底提供了什麼價值觀給關注他們的粉絲，才讓這個時代顯得如此浮躁？才讓每個年輕人覺得「是什麼讓同齡的他過上如此富裕的生活，而我還在領月薪 22k」？

沒有比較就沒有傷害，於是許多人開始尋著看似捷徑的方式，立志成為一名網紅，賺「成名趁早」的錢。

老實說，不是不可以。這是網路時代給予每個人創造財富的公平機會，為何不用？當然要用。所以即便你不是年輕人，只是一名平凡的公務員、家庭主婦、計程車司機⋯⋯等，無論什麼身分，只要你願意有系統、有條理地分享某一種領域的專業，都有機會成為一名網紅。比如，你很懂理財，就專注分享理財技巧；很會做菜，就設計讓人輕鬆上手的食譜；喜歡健身，就把健身步驟拍成影片上傳（族繁不及備載）。

前提是，你要將其視為「長期持有的職業」，而非「短線進出的獲利工具」。如此才能真正的成為一名有影響力的網紅並賺到錢。我也算是網路時代的既得利益者，堅持寫部落格十年後，累積一定的流量，終於有機會出書成為一名作家。若是按照以前的標準，我可能這輩子都無法符合作家的頭銜，更遑論出書了。

以上，說得是成為一名網紅的心理素養，先建立起來，執行時遇到難題才不會患得患失。再來，既然是「長期持有的職業」，那麼無論你是爆紅還是大器晚成，是正職還是兼差，它跟你做一般工作會遇到的瓶頸其實沒有不同。它一樣會有停滯期，會有業務蕭條期，會有同行競爭，會有客戶不買單，以及你過氣的時候。

說到這裡，我想可以切入重點了。網紅跟其他工作一樣都是一種職業，你所看到的那些在年輕時就出名賺到錢的現象，在其他行業別中也是有的。於是，只要是工作，只要人生中你需要透過工作賺到名與利，起起落落將是這條時間軸上的常態。它像是一場長跑，在終點之前，暫時的領先或落後都不算什麼。

所以你大可不必羨慕那些年少成名的網紅們，而從此壞了自己職業生涯的進行節奏。他們當中有很多走下坡的人從此一蹶不振，無法回到一般職場好好做事的大有人在。失去優勢的理由很多，或是被後起之秀取代，或是被自己的玩票心態弄殘，總之，想要一路長紅，就需要有長久備戰、不斷提昇的準備。

職業生涯中不是開高走低，就是開低走高，想要一路維持平穩，或者維持上升，除了順應時勢並一直努力，別無他法。

時間是一把精準的雕刻刀，如果你沒有一直努力為自己雕琢，它就會把你曾經擁有的優勢消磨掉，讓你再一次跟其他人一樣重回起點。反之，它也能在雕琢的過程中把你曾經的劣勢消除，只要你不停止奮鬥。

「成名趁早」出自於張愛玲為自己的著作《傳奇》再版時寫的序文中。當時上海文壇如同現在的網紅圈一樣，是一個名利場。二十三歲的張愛玲初試啼聲便得到文壇上的高度關注，二十四歲出版了第一本小說集《傳奇》（書賣得很好，可謂名利雙收。此書集結了張愛玲許多著名小說），成為名利場的新星。用現代的話來說就是新晉網紅。再版序中「成名趁早」的原文如下：

以前我一直這樣想著：等我的書出版了，我要走到每一個報攤上去看看，我要我最喜歡的藍綠的封面給報攤子上開一扇夜藍的小窗戶，人們可以在視窗看月亮，看熱鬧。我要問報販，裝出不相干的樣子：『銷路還好嗎？——太貴了，這麼貴，真還有人買嗎？』呵，出名要趁早呀！來得太晚的話，快樂也不那麼痛快。

字裡行間，皆是年少成名的志得意滿。可見成功對年輕的靈魂來

說，真的是炫耀的資本。也就別太怪罪大學生因為成為 Youtuber 賺進斗金後，在影片中明目張膽的秀出存摺裡的數字了。

活到七十五歲的張愛玲，自二十三歲出名之後，人生也並非一路開掛的。她後來輾轉去到香港、美國，從事翻譯與劇本的寫作。雖然仍舊在創作，卻無法像年輕時那樣獨佔鰲頭。翻譯與劇本的工作基本上是為了賺錢，她一直想再創造當年上海文壇上的那種風光，但市場的口味改變，屬於她的年代也逐漸遠去。

一九九五年她在洛杉磯一處公寓內死去，一星期後才被發現。

人生啊，是一次長跑，在終點之前，暫時的領先或落後都不算什麼。唯有認清現實，力求不斷精進與努力，才能讓自己有機會笑到最後。

凱特謎之音

四十歲才成為網紅的我，
是不是可以讓你對未來有一點信心？

05

三十｜｜徬徨

我想像自己三十歲時
已經是各方面都成熟獨立的女人了，
但事實卻是我仍然一無所有。

讀者想知道我三十歲時是什麼樣子。

她可能以為像我這種很早就知道自己想要什麼的人，三十歲時一定很有成就了吧？我也曾經這樣認為。但那時我剛離開論及婚嫁的男友，跟一位小三歲、剛退伍不久的男孩戀愛，辭掉原本的工作準備轉行，存款所剩無幾眼看就要見底，工作一個也沒有，每天過得很心虛。

又窮又沒工作，正是我的三十歲。

我回訊息給她，她看了嚇一跳。然後說看完我描述的狀態忽然

對自己感到很安慰。我說「喂，沒禮貌」，她給了我一個笑出眼淚的表情包。

雖然我的三十歲感覺這麼慘，處於一種愛情、工作都打掉重練的狀態，卻是我深思熟慮之後做出的選擇。

想抄捷徑達到讓人羨慕的生活當然可以，安穩的日子曾經在我眼前唾手可得。但我總想著「還不行吧？還沒過癮吧？野心要更大一點吧？」於是，就不抄捷徑了。

誰的三十不徬徨？我們從小聽到的標準是「三十而立」，可真正面臨三十了，我們卻什麼都還沒立起來。亞洲社會中，三十歲對年輕人而言是一個承先啟後的路口。站在這個路口上，逝者已逝，來者可追，審視自己的過去並展望未來，是每個想有作為的人最基本的認知。

三十歲前就得到不錯的表現當然很好，那會讓你對接下來的十年更有自信；可如果事與願違也不用太自暴自棄，因為三十歲也正是修正之前的問題，重新調整的開始。

心靈雞湯說「只要想開始，年齡不是問題」，我當然也贊成這句話。只是，如果要更精鍊、犀利、嚴肅的看待人生，三十歲之後的所作所為確實是一生的關鍵期，所有成敗皆在此時逐漸

有個雛形，將深深影響人的後半生。

因為能在四十歲後重新開始的人太少太少了，那種決斷與堅持，不是普通人能夠完全持有的。年紀越大只會越難，是因為我們都有自知之明。

說實話，我其實覺得現代人很晚熟。一個人，最基本要念二十年的書，過二十年的校園生活才會真正進入社會歷練。有些人甚至更久，二十八、二十九歲念完碩、博士之後才走入職場的大有人在。同時，愛情在這段期間也經常出來刷存在感，成為職場之外的人生練習題。因此，三十歲之前就能搞定自己也搞定一切的，我想了想，不是能力太好，就是標準太低。

中間值應該都是徬徨的，不上不下，無功也無過。好像曾經擁有過什麼，但又不十分肯定。

後來，我乾脆在 Instgram Story 發起一個名為三十徬徨的問答，想藉機了解三十前後的人究竟都在為什麼事情煩惱？畢竟，我的三十歲早就過去十幾年了，也許讓更多人參與討論，效果會更好。

所有的問題徵集起來，不外乎：

| 工作方面 |

- ・ 想離職，但不知道自己能做什麼
- ・ 被資遣，年紀大了，懷疑自己還能不能找到工作
- ・ 想離開穩定錢多但沒有興趣也不喜歡的工作，又害怕之後沒有更好的工作
- ・ 想創業，但害怕失敗
- ・ 想追求夢想，但怕失去所有
- ・ 薪水少又每天窮忙，覺得自己一無是處
- ・ 薪水比身邊的朋友低，感覺自卑

| 婚戀方面 |

- ・ 想戀愛，但沒有對象
- ・ 想結婚，但剛剛分手
- ・ 跟男友穩定交往，但不知道要不要結婚
- ・ 害怕成為高齡產婦，但目前又不想被孩子束縛
- ・ 被父母催婚

| 生活方面 |

- ・ 沒存款
- ・ 知道自己不想過後悔的人生，但具體不知道該怎麼做
- ・ 羨慕別人，好像大家都過得比自己好
- ・ 分手、工作無趣，覺得人生絕望
- ・ 身邊的人讓我感覺到好像三十歲後只能隨波逐流

．怕父母老去沒人照顧

．買不起房所以不敢生孩子

比較典型的問題大概都是「魚與熊掌想兼得」類型，尤其工作部分。仔細看看歸納的問題就不難發現，其實多數人的徬徨在於「在得不到確切的好處時，我該不該去付出？」

明白代價與承擔代價之間終究有段距離，這個距離是猶豫如何才能做出對自己未來「更好的決定」。

所謂「更好」的決定是什麼？就是以「最小」的代價，得到「最大」的收穫（無非就是得償所願）。妙就妙在，所有人都清楚，最小的代價，並非意味著「完全不需要付出」。

至於那些婚戀與生活的問題，也多半來自對現況的不滿，糾結在於要不要突破現況，具體該如何去做？失敗了怎麼辦？說真的，你完全不知道該怎麼做嗎？那倒未必，只是這些問題可能需要一段時間才能看出成果。而你缺乏毅力去執行，缺乏耐心去雕琢。

一開始我就說了，三十歲那一年，我的工作與情感通通歸零重新開始。不是因為我比大家有勇氣，或確定我一定會成功，而是如果再不改變，也許就錯過一生中最重要的時刻了。

我選擇了一個喜歡的職業轉行，花光存款創業，未來會怎麼樣，我不知道。

我選擇了跟論及婚嫁的男友分手，與不如他的男孩交往，家人不諒解，朋友看衰我，未來是否會幸福？我不知道。

三十歲，我做出當下能做出的決定，承擔當下能承擔的代價，卻完全不知道未來會發生什麼事。我唯一做的就是一直「微調」下去，把工作、生活、婚戀狀態，盡可能地微調到我想要的。一路走到四十歲，我才敢真正確定，我沒有做錯。

每個人面對不知道、不確定都會迷惘，有些人會自此縮回自己的安全地帶，用逃避來繼續這份安穩的感覺，卻又隱隱不甘；有些人則選擇自此改變，承擔代價，扭轉命運。

還有，三十歲雖然不年輕，但也真的不老。最怕的是你的心早就死了，那將是比老更加可怕的事。

凱特謎之音

———

三十而立，
我們之所以什麼都還沒「立」起來，
是因為不敢去「破」。

06

40⁺ 的正確打開方式

這個年紀最適合想的問題：
養老？還是，我還有很多事情想做？

我想過各種可能，關於要邁入四十歲這一年。雖然這一年早已過去三年。

許多朋友說要好好慶祝，雖然更多時候大家早就不過生日，但對於別人的大壽還是興致勃勃的。

那年，交情二十年的好閨蜜專程飛來北京一趟跟我吃頓飯（沒別的，就真的吃一頓飯而已）。據她的說法是我的禮物太難送，

只好快遞自己來跟我見面。我經常在不知如何表達感動時口不擇言地說出煞風景的話：「屁啦，妳騙我的吧？妳是來出差的吧？」「不要啦，機票好貴，妳不要專程來啦！」「唉呦，妳這樣很討厭，我壓力很大」……但在手機上敲完這些字之後，我的眼睛早就模糊一片看不清螢幕了。

有人說，四十歲之後的哭泣會自動調成靜音模式。也許，是真的吧。

四十歲那年，我在北京搬了第三次家。

那天，好不容易找到的復古實木櫃子終於運送到府。搗騰了四個多月才把家裡重要的幾個大件家俱全數塵埃落定，心中那個滿足啊，是中年人才會有的心情。畢竟到我們這樣的年紀加上結婚多年，吃飯應酬什麼的都漸漸覺得力不從心，回歸家庭反而是大勢所趨。為著一個能把家飾品味提昇到想要的境界的櫃子而開心，是年輕時的我無法想像的。

櫃子送來時除了外包裝之外，為了確保運送途中不會碰壞或刮傷，在外包裝上下、前後、左右又都加釘了防護的木條。物流只負責送不負責拆，所以只好自己人工處理。恰逢某人出差，加上心急想立刻安裝歸位，拿著一隻老虎鉗我就跟釘得死死的木頭架子槓了起來。花一個多小時拆完後，打開箱子上頭才發

現櫃子竟然上下顛倒了。What the fuck！

這是一個可做玄關櫃或餐邊櫃的櫃子，長約 155cm，寬 41cm，高 91cm。說大不大，說小不小，但因為是實木做的，所以重量擺在那兒，巨沉。但強迫症患者怎麼可能被這樣的難度嚇跑？完全沒有考慮放棄，罵完 WTF 下一秒我就開始思索步驟：把拆開一口的箱子重新封箱，然後放倒櫃子，再扶正。

放倒櫃子是比較容易的，但因為在放倒的過程中已經感受到櫃子真實的重量，我特意去喝了一口水緩和之前的勞動耗損。片刻之後挽起袖子，蹲下身微微扛起櫃子，打算一鼓作氣扶正。起身時突然感覺到左邊腰際一陣撕裂，瞬間手軟，雙腳膝蓋著地痛得眼淚立馬奪眶而出。整整二十多分鐘我跪在地上完全無法站立。

有人說，四十歲之後的哭泣會自動調成靜音模式。TMD 是真的！

淚也流了，委屈也受了。愛逞強的我忍著痛終於在第二次把櫃子扶正，拆掉所有嚴實的外包裝之後，一步一步推著櫃子挨到牆邊歸位。洗完澡後，我傳訊息給某人告訴他我收到第一個四十歲的禮物了，他問我是什麼，我回答：「閃・到・腰」。

這一記撕裂讓我重新檢視了自己的健康問題。站也不是,坐也不是,躺也不是,穿褲子時手拎著褲腰頭,腰卻彎不下去,左腳也抬不起來。虧我一個練瑜伽的人,咖骨架軟 Q⋯⋯

我想過各種可能,關於要邁入四十歲這一年。卻怎麼也沒想過閃到腰會是第一篇開箱文。

如果站在二十歲的當口看四十歲,肯定覺得還很遙遠。即便我自認為很有覺悟,依然會在四十歲來臨前感慨時間的無情。不惑之年,以為此時應該開始看明白了社會、看明白了人生、看明白了自己、看明白了一切,事實上卻依然疑點重重。

多數四十歲中年人的狀態是上有老、下有小,壓力讓他們認清現實,不再做夢。年輕時,看父輩那一代人總覺得哪裡不順眼,因為他們總是眉頭深鎖、若有所思,眼神失去光彩,混濁而無奈。曾經,告訴自己不要成為那樣的大人,現在,則懷疑自己是不是已經變成那樣的大人。

年輕時沒想明白的事,到了四十歲依然不會想明白。這麼一總結,都覺得負能量過載。

不過理性一點去看時,我倒是得出了相對正面的結論。父輩那一代人之所以四十歲就讓人有暮年之感,也許是他們很早就停

止了主動接觸新事物。畢業後就未曾再學習新知，進入工作崗位則為護住飯碗而兢兢業業一輩子。他們認為不需要再去學習什麼，因為沒有必要，畢竟為了養家糊口都已經夠忙了。

這一點讓我覺得害怕。終止繼續在生活中學習，卻一心只想安穩度日，不但解除不了對年紀的焦慮，也解決不了生活的難題。況且，也不符合現代社會。

如今，普遍人念書的時間都延長了，平均要花二十二年的時間來學習，大學畢業超過二十二歲的大有人在，甚至三十歲還在讀博士、博士後的人也有。二十五至三十五歲在職場中的人，多數經歷過跳槽，不僅換公司，還換行業、換職位，同時為提昇自己的競爭力可能還利用下班時間學習點什麼。四十歲，在許多企業裡，正是做到中高職位的起點年紀。以長遠的眼光來看，四十歲承先啟後，是一個能精準定位往後人生走向的關鍵。

松浦彌太郎在《給40歲的嶄新開始》中將四十歲看作是一個新的起點，並給讀者幾個忠告。他說，你最好將以下三句話封印起來，內心不做此感想，嘴巴也不要說。

這三句話是：
「我不做這種事。」
「抱歉，我不知道。」

「人生就是這麼回事啊,我現在這樣很滿足了。」

最後一句尤其耳熟,而且多是女人容易這樣說。畢竟四十歲時,婚也結了,孩子也有了,還跟先生一起負責房貸,所以在公司穩定賺到薪水就好了。盡力為孩子盤算將來,然後自己找到一點生活上的樂趣就足夠了。

如果你和我一樣,年輕時曾經告訴自己不要成為黯灰的中年人,卻在四十歲時有上述的感慨,那麼恭喜你,你正和父輩走上相同的路,成為你年輕時最不想成為的那種大人。

四十歲那年我出了人生中第一本書。雖然出書從來未曾被我列為心願,但實現之後卻給了我很大的鼓勵。人啊,要拋開年紀給予的束縛,不是喊喊「我不在乎年齡」這種口號就好了,而是應該積極創造機會給自己。

那年,我將化妝造型工作交接給了北京合作的夥伴,開始轉為積極拓展在台灣的業務,利用過去在社交平台上累積的流量,轉型成為一名時尚 KOL 與觀點自媒體人。

我做著跟以前完全不一樣的工作,但這份工作卻包含了過去所有對自己的積累,不管是經驗還是能力,都成為發展新職業的基礎。

與此同時，因為面臨的同行都是年輕新進，為了符合網路世代，需要學習接觸更多新的語境，社交媒體的運行與操作亦是學習重點。

某些腳步放緩了，某些動作卻更積極了，讓我知道過去並非一無所獲，而未來也非沒有可能。我不用再到處出差，只要固定飛回台北，所以有更完整的時間可以擁有家庭生活；但同時為了發展自媒體，則必須大量寫一些不同於以往的文章，並拍攝不同類型的影片。

這些改變，都是四十歲那年所決定的，而我以前從來沒有想過。

說到底，人生也像飲水，冷暖自知。別人過得再好都只能參考，無法複製。但是，如果真要給即將步入四十歲的你絕對有用的建議，「做好健康管理」會是正解。

閃到腰的期間，我深刻感受到病痛是如何一點一滴消磨人的鬥志，而懶散又是如何一個頑強又可怕的東西。四十歲後，生理狀態開始走下坡路，不能再毫無節制地透支健康。若想把此時當做人生一個新的開始，找個喜歡的運動堅持鍛鍊身體，或許才是最實際的。

凱 特 謎 之 音

即便很難活出真正稱心如意的人生，
我還是覺得能加把勁的自己很好。

07

真正的 —— 自由

一個女人在追尋自我、
在職場奮鬥中需要拒絕多少誘惑才能穩住自己？

我最喜歡的電影，來自一九九四這一年。一九九四是堪稱影史奇蹟的一年，許多經典好電影都在這年上映。其中有一部被低估卻後來居上的黑馬，從一九九四年起就穩坐我心中無差別電影排行榜第一名，迄今沒有改變。這部電影叫做《The Shawshank Redemption》，台灣譯名《刺激 1995》，中國叫做《肖申克的救贖》。當年奧斯卡的鋒頭幾乎被《阿甘正傳》搶盡，但《The Shawshank Redemption》經過時間的淬鍊，漸漸在影迷的評價中超越了《阿甘正傳》。IMDb 世界 TOP 250 部電影中一直居於首位，遠勝過《教父》。

講述自由的電影有很多，只有這一部讓我徹底感受到命運握在自己手中的真實感。你對待自己的態度可以影響別人，改變一

些事情，甚至救贖自我。人生是一個很大的命題，十九歲的我因為這部電影鬆綁了心中的某個結節，對未來的迷惘不再感到害怕。

我們看劇，多少會投射在自己身上，也透露出我們自身的品味與思想。我從小喜歡看戲，也許跟我喜歡看故事書、漫畫、小說有關，透過戲劇情節起伏，去想像與彌補自己無法親身經歷的體驗。

看的劇或電影越來越多之後，會漸漸建立起自己在戲劇裡的世界觀。我覺得這種世界觀是非常私人的，雖然我會寫一些影評，會表露自己的觀點，但這些東西其實非常自我，我不會因為誰說它對或不對，就修正我的看法。

正因為如此「自我」，所以讀者要我推薦劇或電影時，他們接收到的就是很個人、很私心的資訊。例如，當讀者問我推薦一部職場劇時，我會說：「去看看韓劇《未生》吧。」想看女人、友情、愛情與成長，肯定是《慾望城市》。

曾有一位讀者問我：「關於都市女孩奮鬥的華語戲劇你會推薦哪一部？」

這個問題很特別，因為她鎖定了幾個關鍵字：都市女孩、奮鬥、

華語。這三個關鍵字加起來等於很少有優秀的作品（笑）。

而且這樣的主題放在華語也很難不被操作成夢幻偶像，最後依然是什麼總裁或富二代、甚至青梅竹馬來拯救落難的小白領。「拯救梗」的內核十幾年如一日，大概就只有女人看不膩吧。

後來我向她推薦了《上海女子圖鑑》。對看過日劇《東京女子圖鑑》的人來說這個片名應該不陌生。這是中國優酷買下日本版權所改編的劇集，分別描述北京與上海兩座城市的女性成長奮鬥群像劇。《北京女子圖鑑》播映在前，造成熱議，但我個人不太喜歡。《上海女子圖鑑》隨後跟播，網路評價較高，但明顯沒有之前《北女》的爭議大。（這兩部劇的命運真像《阿甘正傳》與《刺激1995》）

但就是這樣不慍不火的劇才多出了那麼一點高級感。《上海女子圖鑑》給我更多的是一個女子面對自我成長那種不卑不亢、真誠面對本心的積極態度。

如此著眼去書寫的面相，迄今，我未在任何一部台劇中看見過。

《上海女子圖鑑》不是完美的，它還是存在一些 bug 與浮於表面的探討。但作為一部以女主角羅海燕出發的群像劇，圍繞在她周圍的各種女性再也不是單一扁平的性格描述，她們因為各

自的不同選擇,展現了各種不同的手段與性格,包括女主角在內,沒有人是一個完美的好人,也沒有人是極惡之人。

首先,女主角的人選就讓我很放心。她長相平凡但有特色,在中國沒有太高的知名度,很像現實裡的我們(有網友說她長得很像小池榮子,嗯,確實有)。但隨著劇情起伏與她個人一步步成長,我們逐漸發現在她眼神裡與外表上的變化。把這些細節投射在我們身上就能看見其實自己也是這樣的。從剛畢業求職的青澀,到職場裡的滾打摸爬,再到擁有自己的風格與定位,沒有十年的經歷,最少也要有七八年的磨練。

看多了狗血奮鬥的劇情,忽來一個不慍不火、不卑不亢的女性自我與職場成長劇,便覺得身在大城市裡的自己有個同伴。畢竟,我們的奮鬥歷程說穿了既不勵志也不狗血。

所以,當鏡頭掃過羅海燕在大學女子宿舍的畫面時,我很容易就想起北上求職時在永和住過的雅房。過道的盡頭,簡陋的木板隔間,兩張書桌、一個小衣櫃、拼接起來的木頭單人床上面擱著兩塊軟墊,二十二歲的我和當時念高三的妹妹就這樣生活。

羅海燕畢業前在時空膠囊寫下「我要成為那留在上海的百分之十」,二十二歲的我也想要在台北工作過上好日子,有一天靠自己的能力離開這間一點也不雅緻的雅房。

「一個女人在追尋自我與職場奮鬥中，需要拒絕多少誘惑才能穩住自己？」一直是我想要跟大家分享的命題。

像羅海燕這樣稍加打扮起來就顯得有點姿色，在大城市獨自工作生活的女孩，能夠遇到的誘惑實在太多了。她有過很多選擇，這些選擇出現在人生的岔路口，一旦決定，都會因此改變她的人生軌跡。

例如：一心一意愛你的帥氣大學男友，要帶妳回家鄉過安逸的婚姻生活；穩重儒雅的上海本地英文老師，希望妳放棄工作上的拚搏，嫁為人妻洗手作羹湯；事業有成的隱婚中年大叔，幫助妳工作平步青雲，但家裡居然還有兩個兒子；工作中遇到的小鮮肉，顏值驚人，身材可口，還對妳充滿崇拜和吸引力；畫展上認識的成熟富商，把感情當作籌碼，提出五年合約要妳簽。

這些誘惑大多是「其實妳可以不用這麼努力」、「其實妳可以依靠某個人」、「其實女人最終還是需要回歸婚姻或家庭」、「其實女人用不著這麼拚」……等很多「默許」妳其實可以不用如此奮發向上的誘惑。

她經歷過的那些男人，其實也是群像之一。男人在劇中都以為女人要的不過就是安穩的現世，富裕的生活，情感的塵埃落定。但實際上是這樣嗎？如果妳有野心，有追求，有嚮往，這些真

的就是一個女人最終想要得到的嗎？

代價，也許是在大城市中奮鬥的女人們最該認清的東西。而「孤身」則是一種常態，不能要求事事都企圖讓別人理解、體諒，妳自身清楚比誰理解都來得重要。

我跟讀者說過：「其實我的內心深處一直都是單身。」這句話真正的意思就是：奮鬥的過程中，我是孤立無援的，一旦接受誰的餽贈，就必須用某種方式償還。只要我一直為自己的人生奮鬥下去，內心深處就有一個單身的自己，這個人為自己的行為負責，為自己的選擇做決定。

知道我最喜歡的一幕是什麼嗎？是女主角羅海燕站在上海街口的內心獨白：「什麼才是真正的自由？真正的自由，是絕對不可能寄託在別人身上的。」

二十多年的城市奮鬥，即便踏入婚姻，卻仍舊不輕易向「誘惑」妥協的我，最想告訴年輕女孩的不過就是這句：

真正的自由，是絕對不可能寄託在別人身上的。

我要的自由是，
永遠有能力去做選擇。

08

不用工作比較快樂？

也許誰都想過，
要盡力活出一個有趣的人生。
最後卻都落入了俗套，
庸庸碌碌只好說平平淡淡最好。

「不想上班的時候怎麼辦？」讀者問。

「你是不想工作還是純粹不想上班？」我問。

當代白領日常五大現象應該是這樣吧？「持續性不想上班，間接性崩潰，送命式熬夜，做夢式想暴富，習慣性找治癒。」

每天早上都要在內心掙扎無數次才能從床上爬起來上班；一到週日晚上，想到明天就要上班，就湧現莫名的無力感。

「如果不用上班，那該多好？」進入社會工作後的你一定經常這麼想。

中年之後，比老更讓我害怕的是：失業。而我身邊的人漸漸可以分成兩種：一種是事業小有成就，還依然不停挑戰自我極限的人；一種是認為工作不過就是賺取一份薪水，職位不上不下，過一天算一天，偶爾或經常抱怨上司的人。

他們或許都有家庭、孩子，少數單身，除去工作之外，生活裡那些烏煙瘴氣的突發事件、家族牽絆、人際糾葛……沒有因為他是第一種人還是第二種人而有所繞道。但第一種人卻給我感覺幸福感高很多。

有些人甚至到了足以退休的狀態，卻一點也不想要「停下來休息」。聽在想發一筆樂透財並把辭職信甩在老闆臉上的人耳裡，確實是相當諷刺的。

讓我們將時間倒轉回去原點吧，初出茅廬的時候，任何一個年輕的靈魂都是自我實現的理想主義者。依照興趣的脈絡找工作，也多少被薪水的高低左右過，最後當無奈的現實一點一點透支心中的熱情之後，才發現人生已經過了一半，而手中可能還牽扯了新的嗷嗷待哺的生命，加深了無可奈何的不可動搖性。

人跟人之間是從什麼時候開始出現差距的呢？既然我們都曾經興致勃勃的、充滿鬥志的迎向不可知的未來，為何後來有人過上自己想要的生活了，有人卻是由大多數的無奈組合成呢？很抱歉，如果你沒有走到中年，你不會明白。因為生活就是人生中無數個選擇的總和，只有到達一半的時候，才能看出差別。但這條路上卻有一件事是貫穿我們整個人生的，不是愛情、不是友誼、不是婚姻、不是家庭，而是「工作」。

每個普通正常的成年人，平均有長達四十年的時間是必須與工作相處的。因此，聰明的你看出來了嗎？真正讓我們與別人拉開差距、過上自己想要的生活的因素，絕對不會是愛情、友誼、婚姻、家庭，而是「工作」。

因此，可以大膽的假設，你如何看待工作，等於你如何看待自己的人生。

大部分的心靈雞湯都告訴你要做自己感興趣的工作，因為這樣才有熱情繼續，也比較甘願在初期用較多的付出換取不成正比的待遇。但事實是如果出現一份薪水還算不錯、甚至有點社會地位的職缺，而你剛好能應徵上時，多數的人還是會選擇放棄感興趣的工作。

明白道理終究是另外一回事，自我實現的理想主義者還不是要天天擠在捷運裡面，魚貫穿梭在地底下，忙碌奔波在陸地上。既然如此，我何以覺得自己可以比較特別？

沒有人能肯定，不用工作會過得比較快樂。但如果每天早上醒來，你沒有一個想做什麼事的念頭，時間失去它所代表的意義，金錢也不再是最主要能帶來快樂的東西時，是什麼慾望驅使你下床，就會是一個有趣的問題了。

我拿這個問題問某人時，他回答：「尿急。」（喂～）

很明顯的，每個人想從工作中獲得的東西不盡相同，正如每個人對自己人生的定位不一樣，但那些事業小有成就，還依然不停挑戰自我極限的人總有其他人身上沒有的光彩，我們之所以

更加羨慕他們的人生除了財富，也許是因為他們把日子過出了「高度」。

他們有更高的自主意志，被所屬領域的圈內人尊重，擁有比起其他人更優秀的專業能力，具有更好的創造力，且具備更廣的影響力。

讓我們回到最初的問題吧，「你是不想工作還是純粹不想上班？」

如果是不想上班，給自己放一天假，無所事事地過一天，一天不夠就兩天，兩天不夠就把所有年假都請了。但不能出去玩，哪兒都不去就是待在家裡。也許不用三天，你就會自動去上班了。

如果是不想工作，那好，馬上停下手邊所有事情，打開航空公司的網頁，找到你最想去的城市，頭等艙來回機票直接下訂，以最快的速度出國。如果你完全做不到說走就走的旅行，表示你還是比較在意現實生活，那麼也就表示，你的問題不是不工作可以解決的。你應該去思考，你的生活究竟出了什麼問題讓你一直在逃避。

我們都是從逃避生活上的小事情開始，漸漸的，開始逃避自己

的人生。

如果每天早上醒來，你沒有一個想做什麼事的念頭，時間失去它所代表的意義，金錢也不再是最主要能帶來快樂的東西時，是什麼慾望驅使你下床？

我想，你會有自己的答案的。

凱特謎之音

庸庸碌碌是大多數人不願意過，
但最後卻不得不過的生活。

為什麼？

09
歡迎來到現實世界

只有當你有價值的時候，
才會發現別人之所以勢利，
其實一點錯也沒有。

做電視幕後梳化的時候，在北京認識了一名廣告導演。不久前，他約我吃飯敘舊，閒談中得知我轉做時尚部落客已經三年多（用中國的說法叫做博主），於是好奇問了幾句。而我也是當下才知道，他終於在八年後如願以償，「真正」拍了人生中第一部電影。

八年前當他還是廣告導演的時候，一家有名的影視製作公司找上了他。當時打算把一部在網路上熱議的小說改編成電影，從幾個新銳導演中挑中了他，並找來兩個小有知名度的年輕演員當男女主角。這個消息很快就在圈內傳開了，包含他的朋友圈，每天開始有人不斷地來恭喜並祝福他。甚至有地產大亨想要投資他手上的廣告工作室，願意將它擴展成一間製作公司，投資的金額叫做「隨便你開」。

他一時間變成了搶手的香餑餑，成天樂呼呼地跟這個製作人吃飯，跟那個投資商喝茶的。電影都還沒開拍，但身邊所有來獻殷勤的人卻讓他有種已經得過奧斯卡最佳導演獎的錯覺。三個月後，那部電影最大的投資商忽然撤資，電影沒有如期開鏡，就這樣石沉大海。這三個月中在他身邊飛來飛去的鶯鶯燕燕也瞬間消失，一哄而散。

回到現實後，他赫然發現這期間自己的工作室沒有認認真真、正正經經地接過一個案子。幾個工作人員和他一樣以為就要開始拍電影，所以也就沒怎麼在乎找上門的工作。三個月的經歷彷彿南柯一夢。

「你知道我後來怎麼想這件事嗎？」他問我，我搖了搖頭。

「別人來巴結我，不是因為我即將當上一部電影的導演，而是為了背後找上我的知名影視製作公司。我其實什麼都不是，卻把自己當回事了。花一個禮拜成天罵那些人，罵他們現實、狗腿、噁心、哈巴狗……發誓老子以後要讓他們高攀不起。結果因為太失意了，連自己的情感生活都賠進去。」

「花時間療情傷時，我才想通這整件事的原因其實是自己。唯自己足夠強大，在業界有口碑，人家看得就不是背後拱我坐上導演椅的知名影視公司，而是我的能力。再說，當他們找我時，

我也有種攀附對方的想法，覺得可以相互利用。但事實是，我有什麼好利用的？我屁都不是，談什麼利用。」他講完自己哈哈大笑。

這個現實的社會，看似很無情很功利，其實是把遊戲規則攤的最明白的。你要嘛巴結上位，要嘛靠實力超越你所不屑的人。老是覺得自己懷才不遇，就不要埋怨他人對你勢利。

之後，我也跟他分享了還沒簽約經紀公司之前，我對所處工作環境的感觸。

粉絲數破八萬之後，我陸續開始接業配文。接不多的主因在於我只寫自己用過或喜歡的品牌產品，以及有些排程需要留給自己創作的文章。總之，挑選合作商品相對謹慎。例如，好幾家錶的品牌商找我露出，我的手腕關節因為過小無法充分表現大錶面腕錶的樣子，因此能配戴的錶款十分侷限。鑒於無法真正展現，所以推掉好幾個邀約。

朋友知道都笑我傻：「不過就是拍拍照裝裝樣子，你還真以為代言了喔。」我笑而不語，因為我知道這種事情一旦出了什麼差池，沒有人會怪罪品牌方，唯一的替死鬼就是我。

出書之後呢，粉絲數陸續成長。我多了一個新的身分「作家」。

許多之前合作過的品牌回頭找我，但更多是對我拋出橄欖枝的新邀約。我重新制定了新的費用與機制，這時，老客戶紛紛表示不能接受，覺得我變現實了。我沒有多做解釋，因為我認為這是必要的，畢竟瀏覽人次與觸及率都與以往不同。如果有人以舊價錢簽下合約，卻遇到了高速漲粉的期間，那就是他選對我做投放對象的意外獲利。

這種情況，運動廣告界最能說明。看中新秀的潛力，簽下他的代言，雙方為了雙贏，會各自在專業領域衝刺。倘若簽下新秀後不到半年他就紅到不可一世，最大的收益者肯是品牌廣告商。但賺了合約所簽的年數後，當一切再次重新洗牌時，廣告商若想留住對方唯有付出比之前更高的簽約金，不然就會被其他品牌搶走。

話雖如此，變更費用後，更多客戶對我是不買單的。這只說明一個理由：我不值得。

非常殘忍吧，但我完全可以接受，我反而不能接受認為我不值得，卻反過來要我降價的客戶。就像你去餐廳吃飯，你有權選擇你認為價格合適的餐點。如果太貴，你覺得不划算，大不了就是放棄吃它。但有一種人卻是不但放棄吃它，還說它不值得，說它不值得還不夠，要一邊罵它不該標價如此之高並放話告訴所有人才痛快。

對於這種人，我也只能「呵呵」了。你可以不認同我寫文的專業價值，不買單沒關係。當我有天努力到你願意認同了，依然歡迎你來邀約。

這個業界，還有一種叫做等值商品交換。

我接受過幾次這樣的廣告邀約文。原因不外乎是喜歡這個品牌，所以願意不收費用來寫文。但接了幾次之後我就不再接受等值商品交換的邀約了。為什麼呢？

1. 我自己對業配文一事是認真的，也為此承諾。很多人以為承諾是給對方的一種保障。其實承諾是給自己的，是自己對所有發文負責的態度，尤其在讀者心中，好感度會下降通常是針對我們，不會是針對品牌商。

2. 就是因為真心喜歡我，你才要付錢讓我幫你寫文而不是用等值商品來交換。這樣的行為才表示你認同我的專業或人氣，願意支付相對等值的報酬。而不是把金錢變成商品給我。就像我找攝影師拍照，我能說「我幫你寫一篇文來交換」嗎？我去餐廳吃一碗牛肉麵，我能說「嘿，老闆我是有二十萬粉絲的部落客，我的麵能用一篇文章來跟你交換嗎？」不行的啊，別人會當你是瘋子啊。

3. 世界上所有的事，本質上都是一筆生意。只用人情賺錢，只會越賺越窮。我的善良餘額不足，所以都精簡著用。同樣，我的人情每用一次就是一次的耗損。讓彼此都有錢才是維繫往來最好的方式。

人生當中少不了勢利的人給你臉色看，甚至想盡辦法擋你財路、打壓你、阻礙你變得更好。現實社會也會因為你不是個咖，而給你更多的白眼與拒絕。但這些功利的反面其實存在一個真理——只要你足夠好，他們最終會承認你的努力。

這就是遊戲規則。沒有拐彎抹角，沒有遮遮掩掩，如此明明白白的殘酷，真真切切的痛苦。但面對這樣現實的世界我竟然充滿愛意，因為我知道，當我這個傻子做到有所價值時，機會跟錢財就不用我自己去求，它們，會自動貼上來。

要不是你們這麼現實，
我都不知道自己可以這麼有價值。

10
滿街都是──大學生

大學四年,讀書、戀愛、玩樂、不務正業,
我們至少要精通一項。

上一本書出版後,我曾受邀到屏東科技大學演講(因為我是屏
東人)。來聽那場演講的學生後來陸續私信問了我非常多的問
題。之後兩、三年間,依然有在學的大學生拿這些問題來問我。
於是,這本書規劃初期,我便打算將這些問題濃縮成一篇文章,
寫給大學生們。

無論你在學還是即將畢業,希望看完後能稍微緩解你的迷惘,
對自己的未來,有一個初步的想像。在滿街都是大學生的年代,
找到屬於自己的定位。

玩四年之後還不是得要工作,所以……

「選科系」可能是我們人生中第一個真正替自己做主的選擇之
一,也有可能是父母的意思,而你剛好沒想法就聽他們的話。
但念了一年之後,我們是可以後悔的。

如果有能力轉科系當然最好。如果沒有能力，起碼在沒那麼喜歡的科系中試著找出一些感興趣的部分。

為什麼呢？因為你「窮」。不僅僅是專業技能窮，可能你的家世背景也不是過億資產的豪門，需要畢業後自己工作賺錢。所以在「雙窮」的狀態下，你至少要培養透過念書學來的專業知識，替自己的未來謀生。

有人說：「我盡力了，我就是念不好嘛。」沒關係，這時候「不務正業」就能派上用場。既然專業科目不拿手，那就培養一個「興趣」。當初我念企管時也念得不太好，想轉去中文系也沒考上。因為喜歡畫畫，我後來把大量的精力耗在自學商業設計。有空就拿筆起來畫圖，也找了很多設計的書來研究。工讀的工作也盡量找需要繪畫的，藉此練習。

很多人質疑「興趣能當飯吃嗎？」我的經驗告訴我：可以，但前提是你必須把興趣做到極致，做到成為一種「專業」，那麼它變現的可能性就會越大。不然你所謂的興趣就僅僅是一種嗜好，還是用來打發時間的那種。

例如，我畢業後的第一份工作就是如願進入百貨業做一名美術設計。靠的是什麼？ 就是那些年我著魔似的培養興趣。

不管你念完大學後是不是要考研究生，考完研究生後考博士，你最後都要面臨就業。選擇就業最直接的問題就是：到底要做自己喜歡的工作，還是他人口中的好工作？

他人口中（或父母心中）的好工作不外乎吻合三種條件：穩定、高薪、社經地位高。但它可能也很無趣，或者你根本就不喜歡。做自己喜歡的工作當然最幸福，但它也會消耗你最多的熱情，讓你明白要把工作做好，僅僅有熱情是不夠的。喜歡的工作中一定會夾雜很多不喜歡但必須做的事，關於這一點，沒有覺悟的人很快就會被打敗。還有，很致命的，它也許薪水不高。

不過我想告訴你，第一份工作就賺到錢或者就做一輩子的人太少了，與其考慮有的沒有的嚇自己，不如先以自己能盡的努力，做了再說吧。

因為沒有開始執行，你永遠不會知道如何修正。

戀愛不是為了有結果，是為了了解自己

進入大學後什麼事情最重要？談戀愛。如果不談戀愛，你念大學幹嘛？

大學階段可能是你此生中最後一次大量接觸異性的時期。工作

之後，再次看到那麼多跟自己年紀相當的人的機率不到一成。
加上工作讓你分心，讓你開始在乎對方的薪水、價值觀等等，
想要談純純又蠢蠢的戀愛幾乎是不可能的了。

大學是很多人初戀的開始，愛上一個人，能讓我們以最快的速
度發現自己的缺點（劣勢）與優點（優勢）。因為想要追上某
個人或被某個人喜歡，就必須懂得藏拙與秀出優點。

有個朋友在大學時代是個大胖子，但彈了一手好琴。大一跟學
姊告白失敗了，非常傷心。結果失戀的那個暑假拚了命減肥、
運動，從此從神豬變成小鮮肉。

以前的他，人稱會彈琴的豬，後來變成瘋迷校園的千秋王子。
然後他說他這一輩子都不想再胖回去了。失戀讓他有動力減肥，
變成另外一個人，找到自信，然後再次戀愛。

至於我給女同學的建議則是——拜託，請用科學的方法避孕。
妳必須把自己的身體當一回事，並且好好保護。否則，四年戀
愛回憶起來都伴隨著墮胎，也是挺奇怪的。

大學時所談的每場戀愛都很可貴，就算失敗，只要失敗的夠多，
也是寶貴的經驗。因為你會開始明白有些人這一生愛過一次也
就夠了，然後知道愛情其實不用著急。畢竟，多年之後你會開

始變成「愛情這種東西太奢侈，我還是要錢好了」那種人。

青春，是屬於那些好看的人才有的

十七歲以前，我都很土。高度近視眼鏡，加上自然捲的蘑菇頭髮型，說多醜有多醜。

但參加了吉他社，看到學長的那一刻我就對自己發誓我要變美。開始戴隱形眼鏡，開始留長髮，開始學化妝，開始關心流行時尚，買了好多日本時尚雜誌研究。

但當我變得稍微好看一點之後，反而交的男友都不是很帥的那種。這心理相當微妙，也許是一種透過變美了解到一個人真正有價值的地方還是內在的過程吧。

在大學時代就該學習如何打扮自己，因為進入社會也很有用，男女都一樣。千萬不要覺得別人願意透過連你都毫不在意的邋遢外表去發現你優秀的內在。沒這回事，別做白日夢了。

當有顏值的人都在拚才華的時候，既沒顏值也沒才華，大學生活注定就是黑白的啊。

為友情哭泣也是一種成長必經之路

我對友情一向很節制，這可能取決於我的學生時代。在接近畢業時期尤其是，簡直是獨來獨往的人了。不過，我不建議大家跟我一樣，哈。

小學、國中、高中時，你會很在乎有沒有被某個小團體認定。甚至用盡手段想進入某個圈圈裡面。上大學後，你開始發現能交朋友的地方很多，有好多來自不同地方的人，不停刷新你對朋友的認知。於是開始替自己尋找比較契合的朋友，不再執著於被別人認同，而是更在乎自己的感受。

相較於愛情，學生時代的友情傷起人來也不遑多讓。既然會有失戀，也一定會有失去好朋友或覺得被背叛的時候。

那就哭吧，其實也沒什麼的。

十八歲到二十三歲是人生中第一次感到迷茫的時期。以前還能說服自己讀書考試就是目標，但大學生活幾乎完全放飛，甚至外宿遠離家鄉，脫離父母魔掌。從課業到生活一下子全解放的狀態下，似乎像個大人，卻又不是大人，唯一能確定的就是「我再也不是孩子了」。也許，就是這樣一種迷茫的狀態，才讓我們覺得處處有希望的可能。

滿街都是大學生，聽在悲觀的人心裡會覺得毫無優勢，在樂觀的人心中卻可能表示「原來大家的起點都相同啊」。

凱特謎之音

成熟太晚是委婉的說詞，
大部分的人都是被生活推著走。
當你覺得為時已晚，
卻恰恰是最早的時候。

生為自己，我很開心

作者　凱特王

主編　林巧涵

執行企劃　許文薰

美術設計　楊雅屏

第五編輯部總監　梁芳春

董事長　趙政岷

出版者　時報文化出版企業股份有限公司
　　　　一〇八〇三台北市和平西路三段二四〇號七樓

發行專線　（〇二）二三〇六—六八四二

讀者服務專線　〇八〇〇—二三一—七〇五
　　　　　　　（〇二）二三〇四—七一〇三

讀者服務傳真　（〇二）二三〇四—六八五八

郵撥　一九三四—四七二四 時報文化出版公司

信箱　台北郵政七九～九九信箱

時報悅讀網　www.readingtimes.com.tw

電子郵件信箱　books@readingtimes.com.tw

法律顧問　理律法律事務所陳長文律師、李念祖律師

印刷　詠豐印刷有限公司

初版一刷　二〇一九年十一月一日

定價　新台幣三八〇元

時報文化出版公司成立於一九七五年，並於一九九九年股票上櫃公開發行，於二〇〇八年脫離中時集團非屬旺中，以「尊重智慧與創意的文化事業」為信念。

生為自己，我很開心 / 凱特王作
——初版 . —— 臺北市：時報文化，2019.11
ISBN 978-957-13-7986-9(平裝)　1. 人生哲學　　191.9　　108016590

氧顏森活

Forest Beauty

最懂自然力量的專家

自然原力　肌能覺醒

植萃透入肌底
喚醒肌底原生的力量

氧顏森活品牌代言人
簡嫚書

精品植萃面膜

嚴選世界頂級植物菁華，直送肌底
製程採最高標準，符合歐盟法規，安心呵護
堅持無添加有害肌膚成分，溫和低刺激

 士林紙業　日和士林　品質保證

f 氧顏森活Forest beauty

www.forestbeauty.com.tw

消費者服務專線 0800-880-378

RENE

FURTERER

PARIS

荷那法蕊

5 SENS

微金女神菁萃油
讓髮絲&身體肌膚，超然出眾